在线教学怎么做？

ZAIXIAN JIAOXUE ZENME ZUO

田 媛 / 编著

长江出版传媒 湖北科学技术出版社

图书在版编目（CIP）数据

在线教学怎么做？/ 田媛编著 . — 武汉：湖北科学技术出版社，2022.2

ISBN 978-7-5706-1865-1

Ⅰ . ①在… Ⅱ . ①田… Ⅲ . ①网络教育—教育研究
Ⅳ . ① G434

中国版本图书馆 CIP 数据核字（2022）第 021999 号

策　　划：韩小婷
责任编辑：韩小婷　　　　封面设计：胡　博

出版发行：湖北科学技术出版社　　　　邮　　编：430070
地　　址：武汉市雄楚大街 268 号　　　　电　　话：027-87679468
（湖北出版文化城 B 座 13~14 层）
网　　址：http：//www.hbstp.com.cn

印　　刷：湖北新华印务有限公司　　　　邮　　编：430034

---

880 × 1230　　1/32　　6.5 印张　　140 千字
2022 年 5 月第 1 版　　　　2022 年 5 月第 1 次印刷
定　　价：38.00 元

写在前面的话

10 年前慕课（MOOC）兴起时，在教育界还会对线上线下教学的优势和不足展开讨论，它究竟是拓展了教育公平还是构筑了教育壁垒？教与学里的临场感、互动性怎么实现？随着各类线上课程的茁壮发展，关于在线教学的研究越来越细化。早期就开始试水并投身线上线下一体混合式课程的老师们逐渐成长为行家里手，在实体课堂和云课堂间自如切换。但是，线下实体课堂中师生面对面的教学，依然是贯穿 K12 和高等教育的主流模式，这也是人类延续多年的教学模式。那些仅在线上课程里怡然自得、游刃有余的老师们颇有点“自娱自乐”的意味。

在 21 世纪的第二个 10 年，当我们谈论世界局势百年未有之大变格时，未曾预料到新型冠状病毒肺炎（以下简称“新冠”）的疫情会对人类社会产生如此大的冲击，疫情的袭来令时代局势产生了更加汹涌的变化。在经历了一段时间的慌乱后，坚强的人民群众在党的领导下迅速恢复起了生产生活的正常秩序。几乎所有校园因为疫情防控的需要都封闭了，上课的形式、上课的地点全面转到线上，许多老师和同学要遇到第一次不能在自己熟悉的教室里上课，第一次远程点名，第一次开展线上课堂讨论和测试。以前大家聚集在一个教室，现在大家散布在全国各地，像满天星一样聚在一个直播间里，燃出熟悉的求知的焰火。在线教学以刚需的身份进入我们的学习、工作和生活里。随着疫情防控的常态化，在线教学的形式会一直受到青睐，并成为一种习惯。积极适应在线教学，玩转在线教学，在线上课程中帮助学生取得和线下课堂中一样的学习效果，是广大教师应该多多思考与实践的。

我是比较早在线上线下一体式课堂里切换身份的老师之一，长久地与学生在现实与网络里相处，使我收获了很多心得并积累了一定的经验。同时，在国家自然科学基金“基于社会互动理论的慕课学习效果提升策略研究（61907020）”和北京师范大学中国基础教育质量监测协同创新中心自主课题的研究基础上，我完成了这本书的撰写工作。期望能将研究所得的经验及方法分享给更多教师，助力他们较快上手并适应在线课程的教学。

这本《在线教学怎么做？》共七章，具体包括：如何从课前准备到开展教学设计、教学管理、教学评价；如何从一名网络“小白”变身“知名主播”、知识 UP 主；如何从面对镜头的不自然到侃侃而谈持续输出等方面的内容。希望我的这些经验和方法可以扩大传播，让更多的老师们在网络课堂上大放异彩，让更多的同学们去惊呼“旧”老师的“新”课程，去获得知识，受到启发。

通过这本书，我更希望我们教师能离当代的年轻人更近一些，能够真切地认识和感受到他们在乎的、烦恼的、喜欢的、愿意坚持的。我们曾经是他们，他们总要变成我们，引导他们成长为不辜负时代的人，这是我们作为人民教师立德树人的育人初心。

在书稿搁笔之际，感谢和我并肩开展项目研究工作的老师和同学们，同时感谢湖北科学技术出版社编辑韩小婷老师的辛苦审阅和编辑。

请收下我满满的诚意，让我们和同学们一起，让学习越来越有趣。

田　媛

2021 年夏　江城武汉

CONTENTS

目录

第一章
新时代的教学

进入 21 世纪，随着信息技术的迅猛发展，教学领域出现了资源网络化、环境虚拟化、教学个性化、学习自主化、活动协作化等特征，这对教育和学校产生了极大的冲击。新技术正在引发一场学习的革命和教育的革命，改变着几千年来的教育模式。

风靡全球的 MOOC 教学，结合传统教学优势的混合课堂教学，重视实时互动的直播教学……这些形式多样的网络教学提供了支持泛在学习、知识建构、交流协作的无缝学习空间使个体认知转向分布式认知，使传统的、根深蒂固的单向知识传授转向注重交流与评估的多向互动。

在线学习的基本动力是满足学习者日益增长的个性化学习需求，其基本学习理念是知识生产胜于知识消费。它改变了人与人的共生关系，加速了学校教育、课堂教学方式的变革。

新时代教学的特征

作为一名教师，顺应时代发展潮流，对新

时代网络教学的发展现状及存在方式有所了解，是十分有必要的。一方面，这有助于教师在开展网络教学时能有效掌握自己的教学；另一方面，将网络教学的形式或资源融入传统面授课堂之中，不仅是当前也是未来的发展大势。

只要谈及教学，“网络教学”便是绕不开的一个主题，因此，在第一章，我们会对网络教学的发展及现状做一个简介，分别列出几种常见网络教学形式的特点， 以及介绍当前互联网中几种学习的新途径。

第一节 多元化教学

在谈网络教学之前，我们先来说说另一个概念——远程教育。它指的是使用电视、广播、互联网等传播媒体进行教学的教学模式。1998 年，我国教育部制定了《面向 21 世纪教育振兴行动计划》，提出“实施‘现代远程教育工程’，形成开放式教育网络，构建终身学习体系”。文件指出，“实施‘现代远程教育工程’，可以有效地发挥现有各种教育资源的优势，符合世界科技教育发展的潮流，是在我国教育资源短缺的条件下办好大教育的战略措施，要作为重要的基础设施加大建设力度”。同年，教育部批准清华大学、浙江大学、北京邮电大学、湖南大学

成为首批远程教育试点院校,开启了“现代远程教育工作”的新篇章。

远程教育并不仅仅是通过互联网完成系统教学和通信联系的教育形式，早在20世纪五六十年代，便产生了广播电视教育。随着互联网技术的不断进步，现代信息技术为中国远程教育的发展带来了机遇，不受时空限制的学习实现了教育的自由，资源的共享大大提高了教育资源的供给力，多种形式传播媒体的覆盖让更多的学习者都能参与其中。它让学习脱离了学校与教室这一场所的限制，脱离了九年义务教育时间的限制，有助于实现终身学习。

时至今日，多种多样的媒体传播形式使得以互联网为媒介的远程教育焕发出别样的生机，MOOC、网络公开课、直播授课、远程一对一辅导等教学形式百花齐放，学习不再拘泥于学校课堂。同样，在新时代背景下，学习也不再拘泥于其中某一个或几个教学平台或网站，人们对知识的渴求让网络教学蓬勃发展，任君采撷。因此，我们首先来介绍以下几种常见的网络教学形式：MOOC、SPOC以及直播教学。

一、与众不同的MOOC

MOOC，也称之为“慕课”，意为“大规模开放式在线课程”（massive open online courses）。

首字母M，massive，指的是大规模。在实体课堂里的传统课程中，教师面对的学生群体最多是一个教室，一个演讲厅里的所有学生；而一门慕课课程学习者却数以千计、万计，甚至有的课程参与人数达到数十万，参与的学习者规模大。

第一个字母O，Open，指的是开放。以兴趣为导向，几乎不设门槛，只要想学，只要能上网，不分地域就能注册参与课程。

第二个字母 O，online，指的是在线学习。学习在网上完成，脱离了传统学校课程教室和课程表的时空限制，学习者可以根据情况自主安排自己的学习。

最后一个字母 C，courses，意指课程。值得注意的是，这里使用的是复数，表示 MOOC 经过这些年的发展，已经出现了海量的课程，以满足不同学习者的需要。

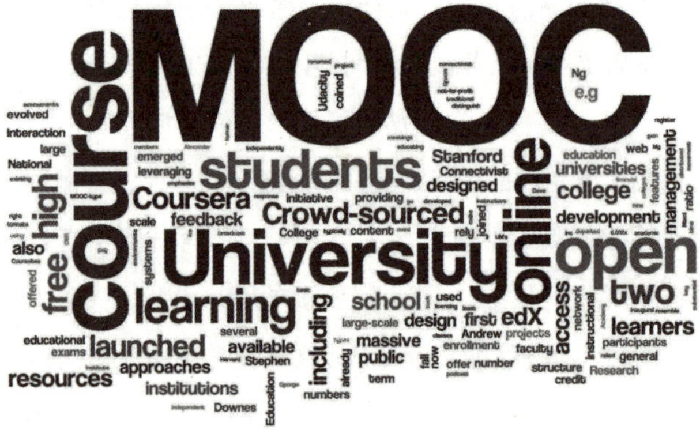

MOOC 这个词汇的提出与加拿大学者戴维·柯米尔（Dave Cormier）密切相关。在 2008 年的一次“高科技访谈”中，柯米尔与时任美国国家科技与通识教育机构（NITLE）资深研究员的布莱恩·亚历山大（Bryan Alexander）共同提出了一个崭新的名词——“大规模开放式在线课程”。“慕课”一词由此问世。而在 2013 年 5 月，北京大学、清华大学还有香港中文大学、香港科技大学分别在国外 MOOC 平台——Coursera 上开课或者加入 Coursera 和 edX，因此，2013 年也被称为“中国慕课的元年”。

清华大学利用本校技术优势，开发了基于 edX 的网络开放课程平台“学堂在线”。该平台于 2013 年 10 月正式启动，面向全球提供在线课程，这是中国本土的全球首个中文慕课平台。随后，MOOC 也吸引了许多企业、机构的参与，著名的教育集团、互联网公司如新东方、果壳、网易等都开始涉足。其中，中国大学 MOOC 由高等教育出版社和网易公司于 2014 年 5 月合作推出，经过 6 年多的创新发展，目前已成为国际影响力领先、国内规模最大的优质在线开放课程平台，是国内首屈一指的在线教育知名品牌。

MOOC 为中国大学带来了具有重大意义的混合式教育模式的改革。改革后，线下的环节由传统的讲授转变为了学习者讨论探究。除了教学形式，混合式教育更是一种教育理念的转变，从知识灌输到培养社会所需实用能力。而 MOOC 正是一种先进教育理念的实际应用，对于中国大学来说，从技术和工具切入，反哺理念上的提升是一条切实可行的路径。中国顶尖的大学正在完成这种理念的提升和转变。

相较于传统的标准化在线教学，在关联主义学习理论框架下，MOOC 没有标准化的教学内容，学习者面对的是非结构化的、处于演变中的教学内容。教师提供丰富的具有多样性和可选择性的课程相关资料，包括专业术语、专业陈述、推荐书目、拓展阅读、讨论沙龙等，学习者可以自行对其进行甄别和选择，继而创造或分享自己的课程资源。

在 MOOC 课堂中，对“学习者”的定义不再是传统的“听”和“学”的角色，无论来自哪里，无论年岁几何，只要参与课堂之中，我们都称之为“学习者”。他们可以自由选择想要参加的课程，自己决定学习的内容。学习不再受时空的限制，而是完全按照学习者的步调来进行，在 MOOC 之中，学习者成为真正意义上“学习的主人”。

再者，MOOC 中教师的角色也与以往不同，他们从主导者变为辅助者，让学习者处在 MOOC 的中心地位，更加鼓励学习者发挥学习的能动性，自主参与讲座和训练，有时还会安排领域专家进行同步交流，交流的实况录制后为未能同步参与的学习者提供浏览，即直播与回看。

在这种理论框架和超大班级容量的共同作用下，传统教学领域师生间的教学活动和学习活动所占比例发生了颠覆性的变化，学习者成了绝对的主体，并且拥有高度自主性。

传统课堂与 MOOC 课堂的区别

传统课堂	MOOC 课堂
· 固定的教室、时间、师生 · 标准化的教学内容 · 按照师生双方步调完成教学 · 课堂中间有教师反馈、师生交流 ……	· 不限时空，不设门槛 · 非结构化，处于演变中的教学内容 · 教师提供课程资源，学生自行选择决定学习内容 · 学生是学习过程中绝对的主体 · 师生交流与反馈多在课外，借助讨论区完成 ……

作为一种在线教学模式，MOOC 系统地将一门课程通过巧妙地引入知识点、重难点，串联起整个专业课程的知识结构，突破传统章节目录形式的刻板知识结构，使学习者能够有针对性地学习。同时，MOOC 的课程范围覆盖广，它将分布于世界各地的授课者和

学习者通过某一个共同的话题或主题联系起来，提供研讨话题及讲授，课后有讨论区交流，每门课有频繁的作业和测验，还有期中、期末考试。除此之外，MOOC 指的是在线提供课程教学的全过程，包括学习过程评价和结课证书的管理等。

MOOC 与以往的“网络学院”有着本质区别，与网络公开课的区别也很大。“网络学院”是有条件的、封闭的，而 MOOC 是无门槛要求的、开放的；公开课的本质是教育资源库、课程资源提供者，但并不组织教学，自然也不会给学习者提供证书形式的学习评价；而 MOOC 不仅提供免费资源，而且实现了教学过程的全程参与。

学习者在 MOOC 这个平台上学习、交流、讨论、分享观点、提交作业、参加测试、得到分数、拿到证书，是一个学习的全过程。在过去的公开课学习中，除了学习者自己，没有人知道他学习了什么，但是 MOOC 不仅让别人看到学习者学了什么，还能记录学习过程、学习进度，评价学习情况，检验知识掌握的准确程度。MOOC 更符合学习的一般规律，由学习者主动选择学习内容，学习过程中有辅导和交流，学习之后的效果可由平台评测，进而由社会认可学习者的知识水平。

二、MOOC 的延伸：SPOC

与 MOOC 这一“大规模开放式在线课程”相对应的是“小规模限制性在线课程”，我们称之为 SPOC（small private online course）。这一概念最早是由美国加州大学伯克利分校的阿曼多·福克斯（Armando Fox）教授提出的，其基本形式是在传统校园课堂中采用 MOOC 的讲座视频或在线评价等功能辅助课堂教学。以北京大学、清华大学等学校为代表，国内高校也开始在实体校园中开展 SPOC 实践，一些初高中也将 SPOC 引入校园。

网络学院、MOOC、公开课的区别

网络学院	MOOC	公开课
· 有门槛，封闭的 · 无证书	· 无门槛，开放的 · 提供资源，实现教学过程的全程参与 · 记录学习过程、进度，评价学习情况 · 开具学习成果证书	· 课程资源库，不组织教学 · 只有学习者知道自己学了什么 · 无学习条件

SPOC 的突出特征是规模小、面向在校注册学生，并且它是收费的。将 SPOC 与 MOOC 进行特征比较，可以得出以下结果。

在教育规模和收费模式上，MOOC 为大规模、面向全球学习者，以免费模式为主；SPOC 是小规模、面向在校注册学习者、收费模式。

在教育覆盖面和项目持续性上，MOOC 的教育覆盖面广，规模大，实现了优质学习资源从象牙塔向普罗大众的普及，但是 MOOC 课程的制作成本太高，也没有明确的盈利模式，项目持续性较低；而采取收费模式的 SPOC，只针对在其课堂内的少数人，覆盖面窄，在教育责任感和教育效率上不如 MOOC，但是稳定的盈利保证了较高的持续性。

在课程性质和学习形式上，MOOC 属于网络教学和在线学习，学习者的学习形式以线上自学为主；SPOC 则将 MOOC 的内核，比如教学内容、教学形式、教学平台等进行改进，并将其实施在不同的学习群体身上，实现网络课程和实体课程的融合，主要的学习形式是混合学习和翻转课堂。

在教学形式上，MOOC 的教学全过程都在线上，看视频、提交作业、完成测验、讨论区发帖回帖等都在线上完成；SPOC 是线上和线下相结合，通常的流程是：校内教师决定开设一门 SPOC，挑选一门 MOOC 的教学资源（视频、资料、作业、测验等），让学生先自行在线上学习，然后在课堂上针对学习内容和教师确定的主题进行面对面的讨论、答疑、实验等，最后在线下进行期末考试。

在教学互动性上，首先 MOOC 比单向的视频授课更为重视教学过程中的互动，这得益于 MOOC 的技术平台，MOOC 中的学习者不是完全被动接受，而能够发挥自身的主动性，如参与讨论并得到反馈。不过，在 MOOC 中，学习者基本上还是以独立自主学习为主，即使在讨论区中，经常活跃的也是一小部分人，大部分人还是“潜水”“不冒泡”，这并不代表没有互动，许多“潜水者”表示自己更喜欢看帖，看别人对问题的观点和讨论，或许这也是一种替代学习。但是，随着 MOOC 平台愈发壮大，学习者数量不断攀升，师生比例逐步悬殊，MOOC 讨论区如何满足学习者需求也成了严峻的挑战。

反观 SPOC，体量和规模都比 MOOC 要精致许多，课程有更可控更明确的规划和安排，学习者在课前预习视频资源时也能看到相关的讨论和答疑。因此，在 SPOC 课堂中有更多的时间可以进行师生互动。

在教学适应性上，MOOC 旨在向大规模的人群提供无差异的优质的教育教学服务，对于庞大的受众，如何实现因材施教，是 MOOC 发展中遇到的一个关键问题。MOOC 由于学习者众多，学习者来源地区广泛，差异分布明显，要达成良好的授课效果，难度还是很大的。这一点也是当前 MOOC 建设者面临的挑战——学习者参与 MOOC 几乎是没有门槛的，但是 MOOC 课程是有准入门槛的，学习者必须有一定的基础才能完成课程学习，而学习者的基础则是无法左右的。

SPOC 面向的是在校学生，在教学前通过升学、入学考试和分班等方式对学生进行了筛选和细分，学生水平较一致，加上学生人数较少，教师可以做到对学生各方面信息，包括现行课程成绩、以往表现、个性、优缺点、学习方式等都有全面了解，从而实现教师在学生学习过程的深度参与，如与学生充分交流讨论、答疑解惑，甚至可以根据学生不同的学习基础，在课堂上有选择地在某些关键知识点上挖得更深一些，启发学生更多的思考。

在学习者约束力上，MOOC 对学习者的约束力较低，一方面是 MOOC 学习的辍学率高[1]、完成率低[2]、中途退出率高、回头率低等问题，这些问题在一定程度上与教室环境的脱离有关，即在 MOOC 中，学习者失去了教室中那种环境约束力。另一方面，学习者如果意识到了 MOOC 约束力和平台管控的缺乏，可能在 MOOC 学习中出现学业不端行为。例如，利用平台机制消极对待学习过程，采用“挂机”的手段逃避观看学习教学视频，在测验和考试中注册多个账号获取正确答案，甚至在互联网获取 / 散播测验、考试的答案，在讨论区灌水来凑齐发帖、回帖数，下载网络文档提交作业，在学习者之间也存在登录他人账号顶替他人学习的“互助”行为，在网络交易平台上也出现了针对 MOOC 的课程、证书代刷服务。而这些学业不端行为在 SPOC 中出现的概率要小很多，因为 SPOC 中或明显或隐含地施以学习者考勤的压力，这对于有惰性的学习者能起到一定的警戒作用，在教室环境中，教师也能发挥对课堂的引导、掌控作用。

在评价形式及客观性上，MOOC 的评价形式主要有作业、在线测试、同学互评等。在线考试的技术本身是发展得很成熟的，托福、驾考的科目一、科目四等考试都进行了很多年，但这些都是封闭式的机考，而且对考生身份会进行核实。MOOC 采取的是开放式的互联网考试，在身份验证上存在困难，身份验证也成为许多 MOOC 研究中不可忽略的影响因素。Coursera 曾经做过一些尝试，例如，通过打字习惯和电脑摄像头相结合来判断是否有“替考”情况，这一措施的操作性实在太差；考生身份核实问题也是使 MOOC

课程证书含金量不高的原因之一。同学互评在评价客观性上也无法给予保障，来自不同地区不同背景不同学习基础的同学，针对同一份报告很难形成统一评判标准，必然也会有不公允的状况出现。

在技术平台和开发成本上，MOOC 平台由于要支持大规模注册，注定需要强大的功能，开发成本高，美国 MOOC 三巨头中除了 edX 宣布自己是非营利的运营模式外，其他两家都有推出付费服务的尝试，毕竟，MOOC 的免费开放背后也是不菲的运营成本。SPOC 平台要求较低，可直接利用 MOOC 平台或者搭建规模不大的网络平台，技术方面要求也没有很高，不必支持大规模注册。在成本控制方面，SPOC 找到了比较成功的商业运作模式，利用 MOOC 资源，分摊高质量教学内容的成本，如为某所高校或教育机构开设私密的、定制化的小众在线课程，提供更细化的需求满足（如定期答疑、一对一答疑等）。

在课程类型上，MOOC 不适合需要现场操作的实验实践类课程，在这一点上 SPOC 的优势明显。就像学习打高尔夫球，你可以在 MOOC 上看看理论，但要想学会，必须到球场上实实在在地挥杆。

在其他方面，优秀的 MOOC 可以为主讲人及学校带来良好的声誉和曝光率，而 SPOC 在保证私密性的条件下就无法兼顾曝光率。

在比较了 MOOC 与 SPOC 的特征之后，对于 MOOC 和 SPOC 之间的关系，我们可以先概括为“SPOC=MOOC+ 教室环境”，SPOC 吸收传递了 MOOC 的内容，在较小的受众面上贯彻教与学。相对于 MOOC 来说，SPOC 可以用于专业教育，用在线课程的优势满足小规模的、有特定要求的群体的需要，还可以实现一定的收益。对于高校来说，SPOC 是使用 MOOC 资源开展翻转课堂，在实现知识和技能传播的同时，为学习者带去纯 MOOC 所缺失的完整的教育体验，如师生间、生生间的直接接触交流。

由于 MOOC 与 SPOC 之间存在着显著差异，不能将 SPOC 作为 MOOC 付费模式的试水。高成本、大规模建设的 MOOC 能否在实现预期的教育价值、社会价值的同时彰显商业价值，仍未可知。

三、同时不同地的直播教学

MOOC 教学的运作模式需要教师提前设计好课程内容并录制视频，学习者参与 MOOC 课程中也是以观看教学视频为主，这样的方式的确可以最大限度地利用好课程资源——课程当中有任何没有听懂的地方，学习者只需拖动进度条便可以反复观看。然而这种录播课教学的模式始终无法解决课程过程中师生互动的问题，即使 MOOC 提供了学习者可自由加入的讨论区来增加师生、生生之间的交流互动。

由于学习者在听课的过程中无法与教师互动，再加上一门 MOOC 的建设通常需要一个团队的努力来制作一个完整周期的课程视频，因此，针对一些更加具体的课程主题，面对更需要教师及时辅导和反馈的学习者来说，MOOC 的教学模式以及其他视频教学的形式便不是那么可行。

2020年我国新冠肺炎疫情期间，为响应教育部“停课不停学”的号召，教师们将课堂从教室搬到了网络上，隔着屏幕的实时教学——直播教学在这一时期风生水起。就是在这一时期，直播教学才进入大众视野，“人人上网课”这样一种教学形式对民众而言不再陌生。

其实，早在21世纪初，已有中小学网校如雨后春笋般出现，虽然最初的目的主要是服务于东部城市地区学生的课后辅导。然而，在2002年，成都市第七中学与东方闻道有限公司合作成立网校，以卫星网为主，互联网为辅，开创了“四同时—四位一体”的教学模式，即“同时上课、同时备课、同时作业、同时考试”。在远端学校配备师资与技术，为云南、贵州、四川、西藏、甘肃的100多所中学提供高中全日制远程直播教学，这是实现全民教育目标、促进教育资源平衡的一大进步。

既然人们可以通过互联网及通信软件进行视频聊天、视频会议，为什么这样的一种实时交流的方式不能运用在教学之中呢？在2020年的新冠疫情期间，同样能突破空间限制的直播教学成为广大师生实现居家学习的选择，让处于不同地点的师生能够通过虚拟的“教室”，比如直播间、聊天室等，聚集到一起。原本用以提供在线会议的腾讯会议、钉钉、瞩目（ZOOM）等软件成为教师开授课堂的地点，只要安装好软件，输入对应的会议号，学习者就能加入会议室开始当天的课程学习，这为居家隔离时期的网络教学提供了极大的便利。

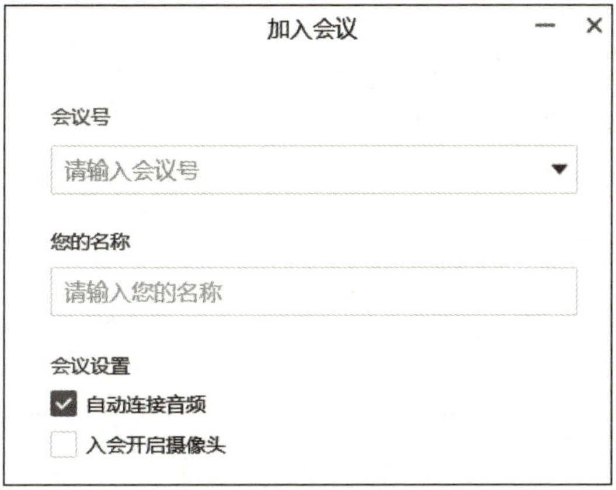

腾讯会议室界面

准备好信号稳定的网络，下载并安装好软件的设备，准备好共享的课件，打开摄像头……听上去似乎直播教学就是把课堂从教室搬到了线上。然而实际操作的时候，不论是教师还是学习者，都感觉到了极大的不适应，譬如信号的中断使得学习者有时听不见教师在说什么；譬如教师看不见学习者的反应，无法感知学习者的“存在”，缺乏上课的仪式感等。这些都是全民网课期间暴露出来的问题，但我们并不能够因此认为直播教学弊大于利。直播教学还需要不断地探索和发展，就像 MOOC 一样，只有经过多年的研究和实践，才能不断更新以适应当下的教学，才能真正普惠群众，让更多的教师和学习者感受到其中的便利。

总之，无论是何种方式的网络教学，它们都在世界教育领域引发了诸多变革。

一是推动了大学课堂向学堂的转变。世界上最好的课程不再局限于象牙塔中，过去只有名校的学习者才能上名校名师的课，现在全世界所有人都能在网上感受顶尖学府的底蕴。在各类网络教学平台上顶尖学府优质课程的出现，也推动着进行同类课程教学的教师们开始自我反思与超越，学习者们可以选择自己心之所向的课程。网络大学堂带动无数现实课堂进入线上线下共生的大学新型高效课堂。

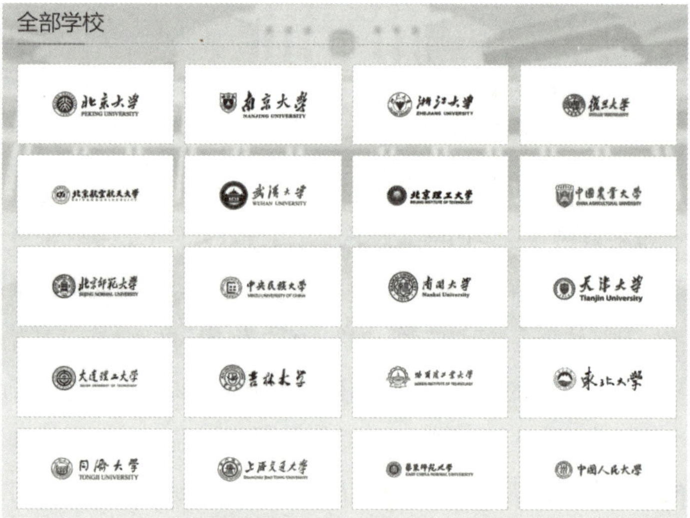

中国大学 MOOC 开课院校（不完全）

二是推动了“以教师为中心”向“以学习者为中心”的转变。在网络大学堂中，学习者们充分体验到了“当家做主”的感觉。课程依照学习规律设计、围绕学习者需求展开，更重要的是学习者能够自由地选择课程，自觉地为自己的学习负责。学习者们既是课程的受益者，也是学堂的建设者、课程创造的参与者。来自世界各地的、不同风格的学习者自发组织起来建立起学习社区，结成学习伙伴，在自己选择的学习环境中开展探索性学习，构建了新型、多元、高效的网络学习生态，教师也从“教授者”向“引导者”转变。

“以教师为中心”向“以学生为中心”转变

三是推动教师个体向课程团队的转变。在一门由数万人选修的大规模网络学堂中，教师承担着前所未有的责任和压力。面对这样一个庞大的、复杂的课程教学系统，仅仅通过增加教师和助教的人数是解决不了问题的，要突破困境有两条出路。一是推动教师专业化分工和集成化管理，将教学从教师的个体劳动转化为团体合作，这就必须依靠信息技术支持的智能化课程教学服务体系。信息技术代替不了教师，但可以在最大程度上减轻教师的重复性劳动，支持和促进教师跨时空团队的形成和发展。二是在网络教学浪潮中涌现的新型师生关系和学习伙伴关系，揭示出学习者本身就是一支具备自我服务能力的强大队伍，在这种全新的自助式学习服务体系中，学习者在与同伴的交流，对同伴的指导、帮助中获得知识的巩固和自身能力的提升，更形成了团队的协作意识、服务意识与服务精神。

四是推动了传统行政化教学管理向信息化学习和课程服务体系的转变。譬如，MOOC致力于为学习者提供最优质的课程和个性化学习服务，为教师提供全方位的课程教学支持服务，这些服务颠覆了传统的大学教学管理的观念和体制，迫使大学教学管理部门从高居教学之上的行政管理系统向深入学生与教师之中的教学服务提供者与支持者转变。依靠信息技术，在线课程正在创建快速生长的高效率信息化、智能化课程教学服务体系，把教学管理人员从大量繁杂的事务性工作中解放出来，投入到对师生人性化服务的研发和创新中，这种全新的课程教学服务体系，将成为网络课程高速发展的重要支撑。

拓展阅读

第一门 MOOC 的诞生与关联主义学习理论

第一门MOOC课程叫作关联主义和关联的知识（Connectivism and Connective Knowledge），由加拿大国家人文教育技术应用研究院高级研究员斯蒂芬·唐斯（Stephen Downes）和加拿大阿萨巴斯卡大学高新技术研究所联席主席乔治·西蒙斯（George Siemens）联袂执教。这门课程开设于2008年，并于2011年和2012年再次开课。这门课程所讲述的理论知识——关联主义学习理论——日后逐渐成为MOOC系统组织产生、发展以及进化的理论基础。

斯蒂芬·唐斯和乔治·西蒙斯是“关联主义学习理论”的提出者和推动者，倡导以人类大脑纳入信息的方式作为切入点来探讨学习活动中知识形成的完整过程。关联主义学习理论的提出具有很强的时代特色，即网络技术对社会发展产生了深远影响，网络和虚拟思维已成为人类审视和构建世界的一种重要思维方式。

人类大脑中数十亿神经元缔结为一个有机系统，在高效自动组合后能够迅速创建出崭新的关联状态，这与计算机网络系统具有极强的相似性，因而两位研究者提倡用网络思维来思考学习的过程和本质，进一步提出了关联主义学习理论。该理论认为，学习发生在某个网络中，当学习者使用各种数字化工具与学习内容、学习社区和其他学习者进行交流时，就可以在他人作品和认识的基础上创造和建构出自己的知识。当系统发展到较大规模，达到能以百万计、以亿计的节点时，就有可能以大规模关联方式创建课程并覆盖大批量的受众。

在柯米尔的倾力相助下，唐斯和西蒙斯的关联主义理论项目得以顺利开展。西蒙斯也将这门课程作为关联主义学习理论的教学试验场。与以往传统意义上的标准化在线教学方式不同，关联主义学习理论建立在丰富多样的社交网络媒介上，学习者可以通过电子公告栏、聊天室、脸书（Facebook）、推特（Twitter）等社交媒体工具或者 RSS 服务器来开展交流和协作，形成虚拟社区，实现知识的分享和构建。而这些虚拟社区一旦形成，就会迅速与其他网络虚拟组织关联起来，从而推动课程的发展。

第二节　学习新途径

“教学”一词，既强调教师的教，也强调学习者的学。在互联网这样一个可自由选择的环境中，多数情况下我们是以“学习者”的身份在获取信息和知识。因此，这一节我们简单谈谈在当下的互联网中，有哪些新的平台或方式能够提供网络学习的途径和渠道。

心理学领域里对“学习”的定义是：个体因经验引起的行为或行为潜能发生的相对持久的变化。通俗一点来说，学习其实就是通过阅读、听讲、观察、思考等手段获取知识和技能的过程。我们接下来谈到的“学习”，指的也是这一层面，并不局限于学校里的“学习”。

如果是在互联网还未如此普及的时代，个体若想学会一门技术，要么是拜师，由教师或师傅来教学；要么是通过购买或借阅书籍，从书中自学这样一门技术。接触互联网更早一些的群体也会想到通过搜索引擎上网求助，“百度一下，你就知道！”这句话，直到现在仍然是“上网搜索”的代名词——

“这个问题我不会。”

“百度一下就好了。”

最早在“百度知道”中，用户可以通过发布提问、设置“悬赏金”（积分）来吸引其他用户回答他的问题，如出现多条回答，问题发布者可以设置最佳答案。而之后通过引擎搜索类似问题的人也能够看到这条提问及底下的回答，这同样是网络学习的一种。输入关键词—浏览相关网页和信息—获取其中想要的答案，这样一套流程在当下看来再正常不过。事实上，网络学习早已渗透我们的习惯和意识之中。

互联网发展至今，网络学习的平台也得到了新发展，许多娱乐型 APP 也为学习开辟了专区。以下我们将介绍两类平台：B 站和抖音短视频平台。

一、B 站

B 站，全称“哔哩哔哩”（bilibili），创建于 2009 年，是国内领先的年轻人文化社区，其特色为视频播放时能够看到视频上方飘过的实时评论，也是我们常说的“弹幕”。

最初创建之时，B 站只是简单的内容创作与分享的视频网站。因为涉及动画、漫画、游戏等“二次元”文化，广受年轻人的喜爱。历经 10 多年的发展，如今的 B 站已然发展成一个生态社区系统，其涵盖的范围早已不只是当初的“二次元文化”，它包括音乐、舞蹈、时尚、数码、美食、影视等多个圈层内容。正是因为其包容性以及创作的自由，有那么一批 UP 主（发布视频的博主），开始在 B 站分享他们的心得体会、学习体验，包括但不限于数学统计、计算机、语言学习、考试心得等内容。

UP 主们不一定是教师，但是他们却发布视频分享自己的学习感悟，并且能够通过视频，“手把手”教观众如何学习其展示的内容。他们不以“教师”自居，观看者同样也不以“学生”自称，UP 主们只是愿意将自己的学习及感悟分享出来，而作为回报，观众们则通过点赞、推荐、投硬币、转发等方式，让这一视频被更多的人看见，以及让 UP 主得到鼓励（级别、收入等），所以也有网友戏称 B 站为“学习网站”。

因为弹幕功能的存在，在 B 站观看视频进行学习时会感受到非常强烈的“存在感”与“陪伴感”，就像真的有很多人在和你一起学习，同时，有些视频的弹幕质量极高，不仅有针对 UP 主的讲解提出的疑问，也会有后来看见提问的观众进行的回复，这可能也是年轻人愿意选择 B 站进行学习的原因。

目前 B 站已经开辟了课堂板块，并且邀请了一系列名师在其中开设课堂，真正打造了一个学习的领域，吸引并鼓励更多的年轻人，在上网冲浪、看完动漫和电影之后，也不要忘记点开视频进行学习。

B 站课堂板块

二、抖音等短视频软件

作为面向全民的音乐创意短视频社交软件，抖音的上线也受到了广大群众的欢迎。强烈的音乐节奏、十几秒不到一分钟就结束的视频，抖音上面发布的作品非常符合当下的快节奏生活，相较于短则十几分钟、长则一两小时的教学视频，抖音、快手、秒拍等短视频内容显然更适合人们在闲暇之余观看。

抖音　　快手　　秒拍

“短”，是抖音视频的一大特点。但也正是因为短，它没有办法像 B 站或其他教学平台上的视频一样，对一个复杂的主题或技能进行细致的讲解，只能用更简短、精练的语言去概括自己想要分享的内容。因此在抖音等短视频软件中，极少看到完整的一门课程，更多是针对一个更加具体的问题进行解答，譬如："C 语言编程中的 #include 头文件在哪里？""如何做笔记才能过目不忘？""五道受欢迎的家常菜"等主题，从中也体现出抖音等短视频软件不适合更加专业和知识性的学习，它更加适用于一些技巧的分享，比如学习方法、家常菜做法、运动操训练法等内容。

这些视频平台，原本都不是用来进行网络教学或学习的软件，但由于其内容主题的自由性、开放性，它们能够吸引使用者拍摄视频分享知识与技能学习，这是网络学习走向全民的一大发展趋势。而作为教师，我们不需要完全在这些平台上开展我们的教学，但我们需要做一个简单的了解，或者化身为"学习者"去体验，去思考为什么它们受欢迎，又有哪些内容和方式能够借鉴到自己的教学之中。

本章小结

本章简单地对当前的几种网络教学形式进行了介绍，包括 MOOC 教学、SPOC 教学以及直播教学。不同的教学方式各有其优势与缺点，需要经过多年的发展和更新才能不断完善。

而对于新时代的其他网络学习途径，我们以 B 站与抖音作为例子，来说明网络教学与学习正在成为一项全民性的活动，教师需要去思考、去进步，让教学能够适应当前的发展。

教学不是孤立的活动，线上线下相结合，课堂生活相对应，让信息技术服务于教育，才能真正有效地做到终身学习。

参考资料

[1] 王改花，张李飞，傅钢善．学习者特征对混合学习效果影响研究[J]. 开放教育研究，2021, 27(01): 71–83.

[2]Jordan, K. Synthesising {MOOC} completion rates[OL]. MoocMoocher, 2013. http://moocmoocher.wordpress.com/2013/02/13/synthesising-mooc-completion-rates/.

第二章 在线教学准备

在前一章，我们了解了什么是在线教学以及常见的几种形式，并且知道了常用的学习新平台。但在真正开始在线教学前，还要做好相应的准备。

本章将从心态准备和课程准备两个方面阐述教师在正式开始在线教学前所应做的准备工作。此外还介绍了一种特殊的在线教学形式，以便教师可以将传统教学和在线教学结合起来。

第一节 做好心态准备

2020 年全球突发的新冠疫情使得我们对于在线教育的关注、讨论和使用达到前所未有的深度和广度。我们相信，这种在线教育热潮也将会从现在的“不得不”选择转变为“主动”选择。

这种从传统教育到在线教育的转变，不仅需要教学者在硬件软件设备上、技术掌握上等要做好准备，还要求教学者做好心理上的准备。

许多教师在从传统教学到在线教育转变的初期都体验过焦虑、迷茫等情绪，这就要求教师们首先要了解网络在线教学和传统教学的基本差异，其次要了解以及学会应对在线教学时的焦虑等情绪，最后要从根本上提高自我的教学效能感。

一、思想转变——在线教学与传统教学的比较

在线教学是不是传统教学在网络上的翻版？

在线教学可不可以直接采用线下的课程设计？

在线教学和传统教学哪个更好？

☆ 异同点

许多在网络学习中担任教学者角色的人往往在现实生活中担任着教师一职。这意味着对于这群人来说，想要成功、顺利地实现从线下传统教学到网络教学的转换，需要正确认识在线教学和传统教学的差异与相似之处。

但另一方面，我们也不能本末倒置。了解差异的目的是为了更好地实现在线教学，在此处不必纠结于它们定义以及理论基础的差别，重点是比较二者对教学方式以及教学效果的影响差异。

我们在下表中用比较简要的文字介绍了二者的宏观差异，同时将在第三章中详细介绍二者的差异点，以便进行教学设计。

传统教学与网络教学的对比

教学方式	教学环境（时/空）	教学对象	教学目的	教学方式	个性化满足
传统教学	教室（固定）	在校学生	应试	教师主导	难
网络教学	互联网（不需固定）	任何人	任何目的	教师辅助	易
备注	其他差异：学习工具、学习内容、教学评价方式、互动方式				

首先仅从字面上来看，我们就可以很容易发现两者的差异。在线教学和传统教学最根本的差异就在于它们的环境不同。传统教学发生在传统的学校课堂上，由教师组织，由师生在同一现实教室里共同进行；而在线教学则是在互联网环境中基于网络的教学，共同参与的学习者和教师在现实中可能各自在不同的地方。

那么，由于这种环境的变化，或者说互联网相较于现实的差异，在线教学的一个特点就是时间和空间上的不固定性。通俗地讲，就是可以随时随地开展在线教学。

例如，你可以在通勤途中或者排队间隙给学生在线批改作业、回答疑问。当然，考虑到教学质量，还是建议保证教学环境的优良性。

前面说的是比较表面的形式差异。此外，从内容差异上来说，它们在教学对象、教学目的以及教学方式上也有所不同。

在教学对象上，传统教学古往今来主要针对的是在校学生。而在线教学的对象则包括了形形色色的人。也就是说，教学的对象不再局限于那些坐在课堂里为了在各种考试中一鸣惊人的学生了，也可能是那些已经工作了的成年人或者退休的老年人等。这种区别是我们在开展在线教学中一定要注意的，因为教学设计最重要的是要知道谁是我们的教学对象——学习者。

在教学目的上，针对不同的教学对象，自然有不同的教学目的。那些在传统课堂之中认真学习的学习者，最直接的目的就是通过各种考试取得文凭或者资格等。因此，传统教育的目的也带有更多的应试色彩。相比之下，在线教育的目的则更加个性化和多元化，重在促进学习者对于学习内容的思考和吸收。

在教学方式上，教师的角色和作用在两者中也有所不同。传统教学中教师占主导地位，而在线教学则以学习者为中心，强调学习者自主学习，教师的角色则是助学者，辅助学习者学习。

在其他方面，由以上差异所衍生出的学习工具、学习内容、教学评价方式、互动方式等差异是我们在后面将要具体探讨的内容。

最后一个比较重要的差异是，在传统的面对面教学中，由于一个教师需要同时面对多个学习者，难以满足学习者的个性化需求（除一对一线下小课以外），而在线教学却能满足在教授多个学习者的同时，借助教学平台的相关功能、教学反馈设计、学习活动等来有效促进学习者的个性化学习和成长。

☆ 怎么做?

因此，在线教学设计中我们要考虑到传统教学和在线教学的区别，以此来调整课程设计。

首先，要考虑到课程服务的对象和目的。不同类型的在线课程可能有各自的对象和目的，要适时根据对象、目的调整课程设计。

此外，由于教师角色的差异，在线教学中，教师除了传授知识本身之外，还要采用各种方式来提升学习者的自主学习动机。“授人以鱼不如授人以渔”，随着教育的变革，教师要在教学过程中，传授给学习者有效的学习方法，为学习者创造良好的学习体验，并潜移默化地提升学习者的学习素养和学习热情（不仅仅是对学习内容的热情，还包括对学习本身的热情），倡导终身学习和自主学习。

总而言之，作为教师，要不忘初心，无论是在线教学还是传统教学，都是为了更好地传道、授业、解惑。

二、做好心理准备——积极的态度和情绪

【案例分析】

张老师是一位 40 岁的初中数学教师。新冠疫情期间，学校为了落实“停课不停学”的政策，为同学们开启了教师直播授课方式。

张老师在开始直播授课的前期，很多天都处于迷茫和焦虑的状态，不知道要准备什么？因为他之前从来没有接触过直播这个东西，不知道用什么软件，不知道直播教学是什么样的，而且担心直播教学的效果远远不及课堂中的教学，从而影响学生的学习成绩。

☆ 是什么？

从以上的案例我们可以发现，由于对在线教学的陌生等原因，许多教学者对于在线教学充满了焦虑。一项关于“停课不停学”时期的在线教学调研[1]发现，虽然整体上来说，中小学教师对在线教学持有积极态度，但与此同时，许多教师也存有诸多焦虑。因此，除了在对在线教学的思想认识上有所应对之外，教学者也应对在线教学做好心理准备。

教师对于在线教学产生焦虑的原因有哪些呢？

现有的一些调查发现了诸多原因：包括不会使用在线教学相

关技术、无法与学习者互动、教学效果难以保证、在线教学管理不便、面对镜头的无所适从、害怕课程传播后他人对自己的负面评价等。这些都是焦虑情绪的来源。焦虑是指个体由于预期不能达到目标或者不能克服障碍的威胁而形成的紧张不安、带有恐惧感的情绪状态[2]。

在对于在线教学的焦虑现状中，中老年教师显得更加焦虑，因为相较于年轻教师，他们与网络教学设备更加脱节。

从地域来看，城镇教师多在上课仪态、提供服务机构的软件质量和设备操作方面感到焦虑，而农村教师更多地在与学习者互动和教学组织方面感到焦虑。

我们为什么要谈论这种对于在线教学的焦虑情绪呢？

心理学中有一个理论流派叫人本主义，该流派认为教育应该以促进人的全面发展为目标。它认为知、情同一是教学的重要因素。知、情同一即认知和情感是统一的，它们作为一个同一体是相互依赖，相互影响的。

从这个方面来说，过度的焦虑等负面情绪会影响到教学者本人的认知过程和教学过程。教师缺乏热情，陷入迷惑困顿，这也会影响他对于课程内容的设计和把握，进而影响课程质量。另一方面，对于学习者来说，教师的情绪、质量不高的课程会通过移情和课堂交流等对学习者的学习情绪、动机和学习投入等产生影响。但值得注意的一点是，适当的焦虑是正常的，甚至是有利于教学的。

因此，教师在正式开始在线教学之前，要调整好自己的态度和情绪，不仅要做好教学准备，也要做好心理准备。

☆ 怎么做?

如何缓解对未知事物的各种可能的负性预想带来的负面情绪以及对被评价的恐惧等一系列的焦虑情绪，这是我们在开始在线教学之前要处理好的一个重要问题。

“不打无准备的仗”同样适用于教学情境。

· 树立正确的态度

在辨别在线教学和传统教学的异同之处后，要对在线教学持有正确的态度。通过前面的比较我们可以知道，在线教学并不是对于传统教学的颠覆，而是基于传统教学的优化。网络教学整个过程中的各项要素都可以包含传统教学，也可以理解是传统教学在互联网的虚拟世界的延伸。两者各有优劣，相互补充。

· 灵活转换角色

因为在线教学的环境往往与家庭日常生活环境共通，所以教学者可能无法及时区分转换角色从而引发焦虑。最简单直接的办法就是在家中创设一个专门的、安静的在线授课环境，这有利于教学者较快地从生活角色转换为教师角色。

· 增加控制感

焦虑很大程度上来自于对未知和变化的失控感。要减少焦虑感，就需要增加控制感，包括对于教学过程和教学效果的掌控。这就要求教师首先要准备好在线设备、保障网络畅通、积极学习相关技术，减小突发意外的概率；其次是做好课程设计，减少因未知带来的畏惧感。

· 集体合作

对于在线课程的恐惧也可能是因为个人力量的弱小，这个时候就可以选择与其他教学者（可以是同课程的，也可以是不同课程的教师）进行合作交流。教学者一方面可以通过交流教学经验来缓解焦虑，另一方面，可以通过交流在线教学课程设计来提高教学效果。

· 获取他人支持

无论是向他人倾诉不良情绪，还是获得来自他人的鼓励和支持，都有利于缓解个体本身的焦虑情绪。因此，教师要积极主动地和家人、朋友、同行进行沟通，也可以多和学习者交流情绪体验。

· 心理健康教育

有些时候，教师的焦虑并非仅针对在线教学情境的，而是一种普遍存在于个体其他情境中的特质焦虑。这个时候，就需要教师去寻求专业帮助或者学习相关心理健康课程等，学会觉察自己的非理性情绪，并且积极反省和调整。先做到正确的认识后，再做到良好的自我接纳。

总而言之，教师要调整心态、转变观念。只有自己提前适应在线教学，才能有条不紊地开展教学，并且以自己的情绪、态度等带动学习者的学习动机和提高学习者的学习效果。

三、提升自己的教学效能感

其实无论是提高教师认识、技术水平，抑或是提升教师心理素养，都可以归结于提高教师的教学效能感。

那么教学效能感是什么？它重要么？我们可以从哪些方面提高它？

☆ 是什么？

有可能乍见到“教学效能感”这个词的时候，你会觉得陌生，并且满头疑问。它是来源于心理学的一个专业词语。从理论上来看，它起源于心理学家班杜拉（Bandura）的“自我效能感理论”。如果你能理解自我效能感是什么，那么也就很容易理解教学效能感了，因为它是自我效能感的延伸，即指教师的自我效能感。

自我效能感通俗的解释就是

指个体对于自己在特定的情境中是否有能力去完成某个行为的期望。这种预期又包括结果预期（对自己的某种行为可能导致的结果的推测）和效能预期（对于自己能够实施某种行为能力的判断）。

班杜拉认为自我效能的作用是行为的认知中介，通俗地说就是自我效能感通过个体的认知理解对其行为的实施效果产生影响。

总的来说，自我效能感的实质就是“个体以自身为对象的思维的一种形式”[3]。相对而言，教学效能感的主体是教师，针对的情境则是教学情境。用一句话来说，教学效能是指教师对于自己影响学习者学习行为和学习成绩的能力的主观判断和信念。

用例子来理解的话，就是诸如此类的想法：

“我认为我有能力教好这门网课。

“我可以处理好在线课程中学习者提出的关于学习的问题。

“我相信教师对于教书育人能够起到重要作用。”

就教学效能感的结构来说，上面的具体表述可以分为两类，即一般教学效能感和个人教学效能感。从这两个词的字面意思来看，我们便可对其意义有所了解。

一般教学效能感，顾名思义，是在一般的教学情境下，也就是个体对于“教师这个职业在教学中发挥的作用”等问题的一般看法和信念。它对应的是前面所说的教学者对于教师这个角色的看法。

而个人教学效能感就是指教师对于本人的教学能力和教学效果的认识。也就是前面所说的教师对于自己能力的判断。

在了解了什么是教学效能感之后，你可能会疑惑教学效能感到底重要么？它对于教师教学有什么影响？

已经有研究证明，教师的教学效能感与他们的教学行为和效果与学习者的学习密切相关。首先，教学效能感与教师本人的教学行为有关，包括教学动机、教学策略的选择、教学的归因、教学监控能力的发挥，甚至于教师的心理健康等。比如说，当教师选择教学策略的时候，教学效能感高的教师会倾向于挑战和变更自己的教学策略以便达到更好的教学效果，相反，教学效能感较低的教师可能会更愿意选择自己熟悉的/有把握/容易达成的教学方式。此外，那些教学效能感高的教师也会更乐于对教学效果和学习者行为做积极归因，即将教学的成功和学习者的成功归因于可控、稳定的、内部的因素（比如教师的能力和学习者的努力等）。

一般教学效能感　　个人教学效能感

此外，教学效能感通过对教师教学行为的影响进而影响教学质量和学习者的学习效果。这个链式关联可简单理解为，教学效能感会影响学习者的学习动机、学习投入等以及学习者的成绩。

总而言之，只有在了解了什么是教学效能感之后，教师们才能进一步地意识到教学效能感的重要性，进而更加积极采取措施提升自我效能感，最终提升教学效果。

☆ 怎么做?

那么到底该如何提高在线教学中教师的教学效能感呢?

一方面它与传统教学下教学效能感的提升有共通之处，另一方面也具有在线教学的特殊性。我们可以从影响教师自我效能感的影响因素说起。从较为常见的角度来分的话，影响教师自我效能感的因素可分为外部因素和内部因素。

· 外部因素

外部因素是指外在于教学者的因素，包括学校、社会、人际关系等因素。如果社会倡导尊师重教的风气以及重视教师的培养，那么这是有利于提高教师教学效能感的。学校的学风和教师之间以及教师与学习者的关系这些因素也会影响教师本人的教学效能感。学风与我们之前提到的一般教学效能感呈正相关，也就是在学风良好的环境中，教师也一般会更加相信自己在学习者的教育中能起到重要的作用。这也就要求社会和学校除了关注在线教学过程的教学本身之外，也要注意从制度、社会风气、课堂制度建设等方面，促进在线教学中教师教学效能感的提升。但因为这些外在因素不是教学者所能控制和改变的，所以我们在此不做过多探讨。

· 内部因素

内部因素则是指教师本身的一些特征。教师的教学经验、心理特质等因素都会影响个体的教学效能感。关于如何从个体角度来提升在线教学的教学效能感，可以试着从这几个方面来实践。

"这个老师上课真好，可以好好学习学习。"

良好的榜样示范。教师可以在网络授课前观看一些有经验的优秀教师的课程，包括身边的教师们或者网络上一些著名的优秀教师，通过观察学习从中吸取成功的因素，并且提升自我效能感。

在线教学经验的积累。这是一个随时间变化的过程，但它并不是自然而然地发生的，需要教师在在线教学过程中，清楚意识到自己的优点和缺点，并且有意识地总结过去的经验，不断提升在线教学的知识和水平。

他人的支持与鼓励。不管是亲人朋友，还是来自其他教师以及学习者的鼓励和支持都有利于唤起教师的积极情绪，提高自身的教学效能感。这涉及良好人际关系的建立，包括同事间的合作关系和师生关系。在线教学并不意味着与其他教师和学习者的隔离，即便是居家在线教学，也要经常通过各种方式与学习者和教师沟通联系。

积极的归因训练。固有的归因风格或许无法改变，但可以通过个体或者团体的归因训练来转变归因方式。良好的归因方式有助于教师提升对自我的信心和教学效能感。可以通过改变认知等方法，主动有意地将教学的成功之处归因于自己的能力和努力，要认识到自己的每一分努力都是有效的，都会对教学产生一定的作用。

当然，有效的措施肯定不只限于这几种，但可以从这几种方法开始去探索，寻求对自己有用的方式就是好的方式。

第二节　做好课程准备

一、为什么要上网课?

很多教师会好奇，我们有学校、教室和设备，学习者也都来学校了，完全有条件跟学习者进行面对面教学，为什么还要上网络课程呢?

网络课程的目的并不仅仅局限于教学范畴，也不仅仅只面向学习者群体，而是为了尽快实现我国信息化服务的普及，让学习者在共享互联网发展成果上有更多获得感和体验，引领学习者树立认识未来科技发展方向的责任意识，也为学习者提供多元化的教学形式和教育资源。

具体来说，上网络课程有以下优势：

· 特殊时期（例如抗击疫情期，教师和学习者无法返校），可以保证教学的正常进行。

· 为在校学习者和其他学习者提供更多优质的教学资源和学习途径。

· 为教师提供多种教学内容和资源上的学习和交流。

· 网络信息传播速度非常迅速，网络教学有利于让学习者了解现代的科技产业现状和未来的技术发展方向。

·让学习者在走出校门前，对社会前沿有精准的把握。

二、课前准备

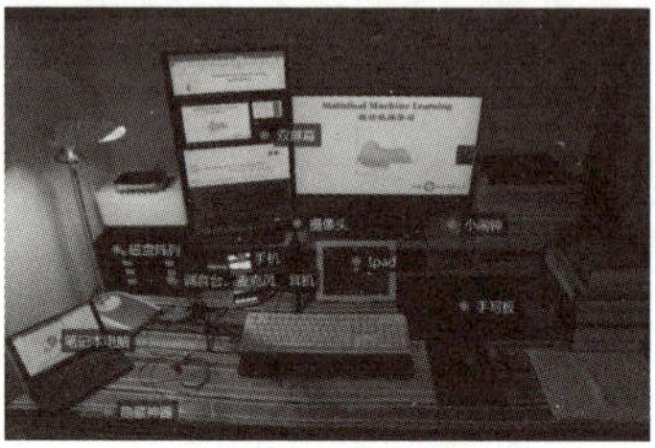

网络教育以先进的技术为支持，数字化与网络化是现代网络教育的主要技术特征。现代网络教育的技术支撑以计算机技术、软件技术、现代网络通信技术为基础。因此，开展线上课程之前，需要做很多的准备工作，不过其本质与线下课程的准备工作相同。

一方面，教师需要提前把所有知识彻底“吃透”，仔细进行课程规划和设计，将知识传达得更清晰明确，以便利于学习者的理解和学习，同时也要使学习过程更加生动有趣，归根结底都是为了能给学习者们呈现一堂完美的课程；另一方面，线上课程的准备工作又比线下课程复杂许多，需要提前做出以下准备。

·提前安装软件，保证网速

线上课程如果在软件上进行，教师需要提前下载和安装软件；如果是用直播的方式上课的话，还需要保证网络畅通无阻，一旦网络宽带出现一点问题，就会卡在学习者的屏幕上，再加上此起彼伏的“在吗？你们在吗？能听到我说话吗？能听到吗？”诸如此类的询问会打乱课程进度，所以一般上传速度和下载速度要分别达到 2 兆 / 秒和 20 兆 / 秒会比较合适。

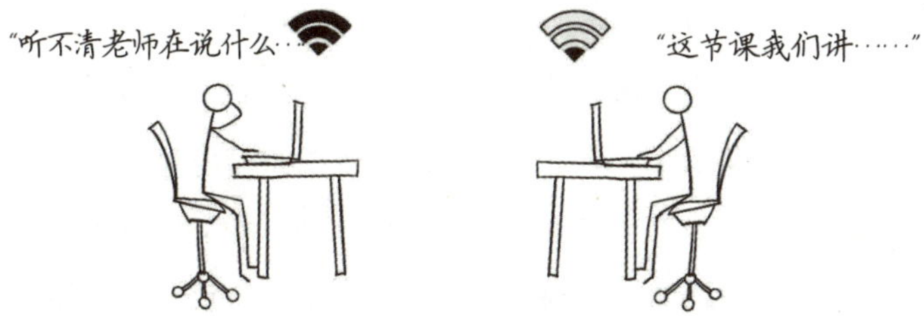

· 熟练操作上课软件

线上课程全程都需要依靠互联网和电脑，教师需要熟练使用电脑，完全了解和熟练操作课程依托的教学平台或上课软件。课前准备时，要知道如何插入图片、WORD、PPT、PDF、音/视频，上课过程中要知道如何展示和播放各种素材，同时熟练运用签到、点名、抢答、在线讨论、网络调查等各项功能。

· 准备摄像头

线上课程虽然是依托互联网和电脑进行的，但在教学过程中，如果能让学习者看到教师的形象，有助于塑造课堂氛围，对学习者的学习也有一定程度的促进和监督作用，同时也可以让教师更有在真实课堂中上课的氛围感。

· 搜集多种形式的教学素材

线下课程中，教师对于一些知识点的讲解可以通过面部表情、声音语调和身体语言作为辅助。但在线上课程中，这些线索被弱化了，因此需要教师使用多种形式的教学素材对所讲知识点进行详细展示或描述。这就要求教师在课外花更多时间在辅助材料的准备和搜集上，尽量以多种形式来展示知识点，让学习者能够深刻认识和完全掌握课堂知识。

· 准备更多的互动环节

在线上课程中，由于缺乏教师的面对面监督，学习者难免容易走神。想要改善这一点，一方面需要学习者高度自律，另一方面还需要教师准备更多的课堂互动，提升学习者对课堂的兴趣。这样不仅可以活跃课堂氛围，防止学习者走神，还可以获得学习者的反馈，及时调整课程进度。

在上述基础上，教师若希望让线上课程更上一层楼，可尝试做出以下准备。

· 双显示器

准备双显示器，分工合作。一台显示器用于呈现录制 / 直播画面，另一台显示器用于点名、及时接收学习者课堂反馈、观察学习者上课状态、后台资料传输等功能。这样在上课的时候不会出现画面切换不及时、无法及时跟进学习者反馈等情况。

· 摄像机

使用摄像机可以自由调整机位，设定角度，拉伸镜头，而且与摄像头相比，摄像机的失真较小。

· 补光灯

补光灯的使用可以让教师在录制视频 / 课程直播时形象更清晰，不仅可以帮助教师更好地塑造形象，也让摄像机更好地对焦。

· 麦克风

选择一款性价比高的麦克风，可以帮助教师将话语以最清晰的方式传递出去，如果教师所在环境无法达到录制的最佳状态时（有噪音），使用麦克风也可以将教师的声音保持较高的质量。

· 绘图板

有些课程教学需要板书，那么配一个绘图板或电子黑板即可，如果电脑显示屏带有触摸功能，也可以当成绘图板使用。

三、好的网课是怎样的?

完成了以上的准备工作，是不是就可以开始制作网课了呢?

答案是否定的。因为我们不仅要制作一门网课，更要制作一门优质的网课。

在了解优质网课的标准前，我们还需要知道在网络课程中教师和学习者发生了什么转变，才能更好地抓住这种转变来进行课程设计。这在前文中已做了详细分析，在此不再赘述。

在网络课程中，学习者由被管理的对象，变成了网络另一端需要进行自我管理的主导者。在网络上，就算同样有签到、点名、回答问题、催交作业和线上讨论等，也跟现实中的这些行为有很大的区别，需要学习者有更强的自控力和自律性。

在网络课程中，教师从现实中的事无巨细全权负责者转变成对着屏幕上的小窗口的“无可奈何者”，教学模式从过去的驱动模式转变为现在的吸引模式。这就需要教师把握住这个过程中角色、身份的转变，找到有效吸引学习者的办法，才能更好地制作出优质的网络课程。

☆ 优质的网络课程是什么样的?

首先在“硬件”上，要做到平台和设备技术到位。这里所说的到位，指的是教师的使用感受要良好，只有这样，才能提升学习者对课程的接受度，否则教学质量将大打折扣。此外，从教师角度来看，平台与设备技术的到位也能为教师提供课程评估平台，使得教师能按照教学计划和要求为学习者提供测验、作业、考试、答疑、讨论等教学活动，即开展有效的在线指导与测评。

其次，教师在授课时应语音清晰，内容详略得当。声音质量很重要。教师讲话发音要清晰明亮，能够听得清，听得懂，要能够拉回学习者的注意力；同时要制造停顿，留下空间让学习者思考。看视频时，人的大脑比较放松，很容易被内容吸引，停止思考，一旦停顿又会失去连贯性，所以很多人看视频觉得恍然大悟，一回忆却发现什么也没有记住。因此视频内容要详略得当，及时引导学习者进行课程内容的回顾，同时给学习者留出思考的时间。

最后，优质的网络课程还离不开教师通过数据总结学情，采取个性化教学。线上课程有一个非常明显的优势，可以快速收集学习者的学习数据，这可以成为驱动整个教学过程的关键。

名师都是凭借多年的教学经验，可以针对个别学习者进行精准教学，但很难针对每一个学习者进行有针对性的训练，这就导致有一部分学习者在课堂上无法“消化”知识。

有了线上课程，学习者在学习过程中会产生大量的数据记录，通过数据分析，教师可以掌握学习者的实时学情和多观察点数据，分析学习者的薄弱点，在课程设计的时候，可以有针对性地进行讲解和个性化处理，保证学习者“吃透”知识点。因此，应做到课程内容的“七性”和教学设计的“三性”。

· 课程内容的“七性”

规范性。课程内容要是学习者所在教育层次的教学内容，符合国家标准，课程定位要准确，教学内容质量高，课程知识体系科学完整。

思想性、科学性和先进性。坚持立德树人，将思想政治教育内化为课程内容，弘扬社会主义核心价值观；课程内容要先进、新颖，反映学科专业先进的核心理论和成果，体现教改教研成果，具有较高的科学性水平，注重运用知识解决实际问题。

安全性。课程无危害国家安全、涉密及其他不适宜网络公开传播的内容，无侵犯他人知识产权内容。

适当性和多样性。课程内容及教学环节配置丰富、多样，深浅度合理，内容更新和完善及时，在线考试难易度适当，有区分度。

· 教学设计的“三性”

合理性。教学目标明确，教学方法与教学活动组织科学合理，符合教育教学规律。

方向性。符合以学习者为重的课程教学改革方向，注重激发学习者学习兴趣和潜能，增强学习者的社会责任感、创新精神和实践能力；注重信息技术与教育教学融合，课程应用与课程服务相融通，适合在线学习、翻转课堂以及线上线下混合式拓展性学习。

创新性。有针对性解决当前教育教学中存在的问题，充分利用和发挥网络教学优势，各教学环节充分、有效，满足学习者的在线学习的诉求，不是传统课堂的简单翻版。

对于学习者而言，优质网络课程是指那些在线学习响应度高、师生互动活跃，具有一定效果与影响的课程。

线上课程可以面向其他学校和社会学习者开放，学习程度高。在本校，可以将在线课堂与传统课堂教学相结合，同时推动教学方法的改革，有效提高教学质量，还可以与其他学校共享，多模式应用，效果好、社会影响力大，收获教师和学习者反馈、评价。

☆ 受学习者欢迎网课是怎样的?

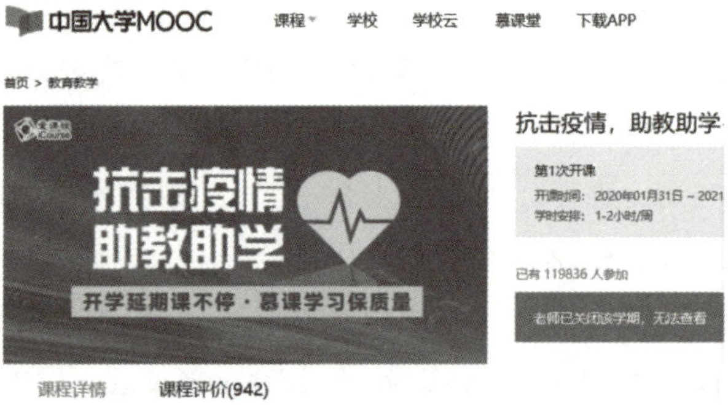

了解了优质网课的标准，这并不表示我们就能制作出同样优质的网课，因为还需要了解线上课程的关键人物——学习者，他们喜欢的课程是什么样的呢？课程最终是为学习者服务的，了解学习者喜欢的课程形式，也会对教师线上课程的设计带来帮助，同时也有助于提升课程质量。

那么学习者喜欢怎样的课程呢？相关调查表明，学习者喜欢的课程特点如下。

· 教学内容生动有趣

教学内容生动有趣是课堂吸引学习者注意力的重中之重。将课程内容设计得有趣，对教师的授课方式和授课能力有很高的要求，不仅需要教师“吃”全、“吃”透教材，完全掌握所教授的内容，而且需要教师能整合以该课程为基础的不同学科方向的信息。在此基础之上，不断对学科和教学内容反复琢磨，把基础知识和前沿知识、实践知识（现实生活）进行融合，在课程内容中赋予自己对知识的见解，最后用生动有趣的方式阐述出来，也能引导学习者进行创新理解。

· 教师语言幽默诙谐

教学过程中，如果教师能使用幽默诙谐的语言进行表述，也会提升学习者对课程的兴趣。每个人的语言表述都有自己的表达风格和语言习惯，语言风格和习惯是长期累积形成的，一般很难改变。如果无法改变个人的语言风格，但能用简单、清晰、容易理解的语言进行教学，也是非常容易吸引学习者的。因为简单易懂的语言会提升学习者学习的自我效能感，认为自己有能力掌握专业知识，让学习者更愿意投入学习过程中。

· 课程形式多样

传统的上课方式都是教师讲学习者听，在网课中也一般是这种上课方式。这种课程的学习者更多的是被动地听，这使其在课堂上的参与度不够，更无法调动学习者的积极性。丰富课程形式，增加各种师生互动环节，让学习者感受到自己是课堂的主人，不仅可以提升学习者学习的积极性，还可以帮助学习者快速地融入课堂，沉浸到课堂氛围中。

· 课程设计合理

课程设计要符合学习者当前的学情，内容从初级到高级，由简单到困难。教学要着眼于学习者的“最近发展区”，即给学习者提供有一定难度的内容，这些内容既要照顾到学习者现阶段的发展水平，又需要学习者努力发挥潜能，达到下一发展阶段的水平。只有走在发展前面的教学才是好教学，才能不断提高学习者潜在的发展水平。这样的课程设计会让学习者感觉到既能完成，又具有挑战性。

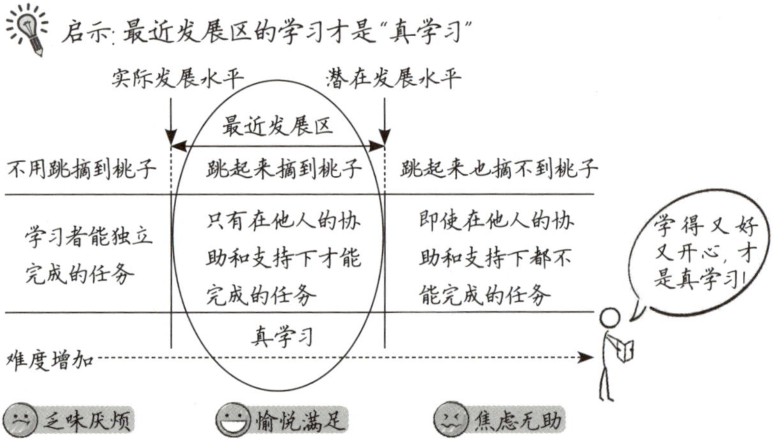

最近发展区的学习图

· 有所收获和反思

课程要让学习者有所收获，并引起学习者的反思。这种收获可能是对学习者知识面的扩展，可能是思想上的收获，也可能是理论在现实生活中的实践。总之，要让学习者有所思有所得，这样才会让学习者认为学习是有用的，知识是可以转化为实践的，才会更愿意投入到学习过程中。

四、教材和学习资源的选择

我们所生存的社会越来越电子化，网络学习者会更倾向于使用电子教材吗?

受新冠疫情影响，大部分学校都采用了线上授课方式，很多

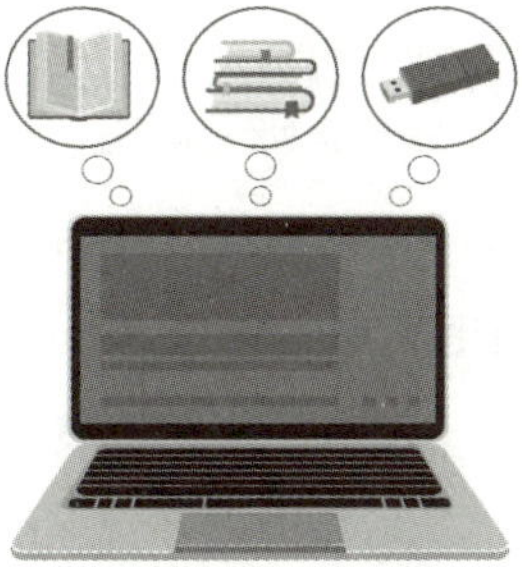

学习者也因此采用电子教科书。那么使用不同类型的教材（纸质教材和电子教材）会对学习者的学习效果有影响吗？

有研究表明，在电子屏幕上阅读和在纸上阅读的体验是完全不同的。电子阅读时，可以运用各种方式快速滚动页面、搜索关键字等，所以大部分电子屏幕的读者可能只读了内容的30%。还有研究表明，阅读电子书比阅读纸质书更难集中，有92%的学习者都表示，自己在读纸质书时会更专注[4]。

有人对比了2000—2017年关于阅读理解的研究发现，理解电子文章变得越来越难。可能原因是大量电子阅读导致人们会像浏览网页一样，以更快但更肤浅的理解方式扫过屏幕，这样很难完全理解电子资料的内容。另外，电子屏幕不断闪烁也让眼睛更累，容易导致视觉疲劳和精神疲劳。看纸质书就没有那么费神费力了，它能给我们提供更多空间和触觉上的线索，帮助大脑更轻松地处理页面上的文字[5]。

虽然Kindle等电子阅读器采用电子墨水技术可以减少对眼睛的刺激，但对于读者来说，电子阅读器缺少阅读体验的一个重要环节——翻页。在一项研究中，一部分被试者在Kindle上阅读一个故事，另一部分则阅读了纸质版本。之后，他们参加了阅读理解测试。他们读的文章完全相同，但是Kindle读者通过按钮翻页，而阅读纸质版本的读者可以翻阅真实的纸张。实验发现，纸质版本的读者能更准确地回忆出故事发生的时间顺序，这可能是因为纸质版会在读者翻页时提供一些感觉运动的线索，帮助读者处理文中的信息[6]。

有些研究证明，我们如果在看到文字的同时还能感受到书本在手中的重量，闻到纸页的味道，就会同时用到多种感官和多个脑区，处理信息也会更快更高效[7]。

那么，我们应该完全摒弃电子资源吗？

有研究者建议，应该根据阅读的内容和场合选择合适的阅读方式。如果只是略读一下大意，可以选用电子教材，如果需要认真汲取内容，尤其是想把注意力放在细节上的时候，最好阅读纸质版教材。如果条件不允许，无法获取纸质版教材，又想记住更多电子教材上的内容，那么可以读得慢一点，同时手写摘抄一些读书笔记，以达到期望的效果。

第三节　了解混合课堂

在前面的内容中，我们介绍了在线教学和传统教学的区别。其实，在现实中的许多情况下，它们二者并非是独立的。一种特殊的课堂形式——混合教学将二者结合在一起，这也是现在和未来的主要在线课堂形式。

像新冠疫情期间那样全部居家直播上课是特殊时期的情况，短期内不可能成为常态，而混合课堂能很好地结合在线课堂的优势，并与传统课堂深度结合，提升教学效果。

一项关于后疫情时代高校教师在线教学态度的调查发现，在经历了在线教学后，有将近75%的高校教师乐于接受“线上+线下”的混合式教学，看来这种教学体验也是影响教师在线教学态度的重要因素[8]。

那么到底什么是混合教学？混合教学的优、缺点是什么？如何实现一种好的混合教学设计以达到更好的教学效果呢？

一、混合教学是什么？

"线上+线下=混合课堂"

混合教学，顾名思义，是指传统课堂的面授教学与在线教学活动的结合[9]，即"线上"和"线下"教学结合的教学形式。

线上的教学，意味着一部分教学通过在线设备实现，这种教学下，学习者能够在某种程度上自主选择学习的时间、地点以及控制课程进度等。

线下的教学，是指部分教学在传统课堂上实现，课堂上教师通过最直接的、面对面的方式进行互动交流，对学习者的学习进行监督、指导。

此外，线上和线下的结合不是随意的混合，也不是简单的一加一的方式。它是一种复杂的，包括技术手段、目标和评价上的结合方式。

技术上的结合意味着在混合课堂的"课上"及"课后"都渗透了传统教学和互联网、多媒体的信息技术手段的使用。

在教学目标上，混合教学有利于充分发挥教师的作用和学习者的主体地位，以达到最佳的教学效果。

在教学评价上，混合教学更富有多样性，它结合了过程评价、结果评价等多种评价方式。通俗而言，就是既可以评价学习者在线学习 / 课堂学习的过程，也可以通过在线测验 / 课堂测验等形式来评价学习者的学习结果。

教师在课堂上除了采取传统形式进行教学外，还运用高质量的多媒体资源作为课堂辅助材料。在课后，他们会要求学习者基于所给的网络资源进行知识复习，并通过在线测验来测评他们对知识的掌握程度。这就是一个混合教学的过程（详见下图）。

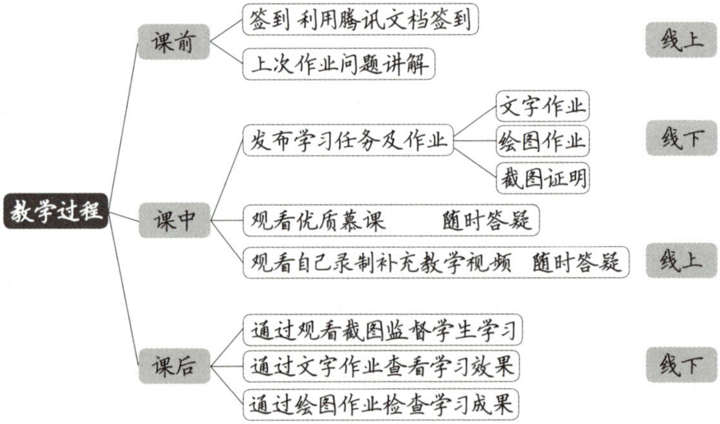

混合教学的过程图

从混合教学的特点来看，我们知道混合教学的初衷是为了将各种教学要素优化组合，以更好地实现优良教学。它既可以发挥教师在引导、建构、启发、监控教学过程的主导作用，又能充分发挥学习者的主动性、积极性与创造性。

但现在的混合教学却存在一定的误区和问题。似乎二者的结合只是变成了在传统课堂上加上了用多媒体设备来呈现所要讲授的材料，黑板变成了更智能化的电子输入设备。要知道这绝对是不够的，这种方式无法改变单方面灌输的教学劣势。

已有研究表明与单纯的课堂面授教学和单纯的网络在线教学

相比，混合教学是最有效的学习方式。但我们要注意的是并非所有的混合都是高效的、利大于弊的，也存在无效的，对学习产生负面影响的混合教学情况。所以在实操过程中有一些相关事项是需要注意的，我们将在本章最后一部分介绍它。

☆ 一种特殊的混合课堂——翻转课堂 /SPOC

在第一章中，我们介绍了一种新的在线教学形式——SPOC，它是与混合课堂相伴的一种特殊教学形式。它和混合教学之间有所区别，但很大部分是相重叠的。我们可以通过翻转课堂这一特殊形式来深入理解混合课堂的内在理念，以便于我们对混合课堂的有效实施。

从名字上来看，我们不禁疑惑，翻转课堂到底翻转的是什么呢？

翻转课堂翻转的是“师”与“生”的角色，它的关键是教学者和学习者之间的关系、地位和作用发生了本质的变化。这种变化意味着传统教学中教师主导传授知识、学生被动接受知识的单向过程发生了变化，变成了学习者基于资源和其他辅助的基础上进行主动学习、构建知识的过程。而这种翻转是借助在线和传统教学混合的形式达到的，这种形式通俗来说是对时间的重新分配以及教学流程的变更形成的。一方面，部分的学习时间被在线学习课程的时间占据；另一方面，传统的课堂学习时间也不再是教师单方面的传授时间，而是包含师生交互和生生交互的时间。通过这种交互性的增加，学习者有途径解决自己在学习过程中遇到的疑难问题，提高自己对知识的理解程度，另外，交互提供的反馈也有利于学习者更加客观地了解自己的学习情况，更好地掌控自己的学习。翻转课堂的最优结果就是教师知识传授的提前和知识内化的优化。

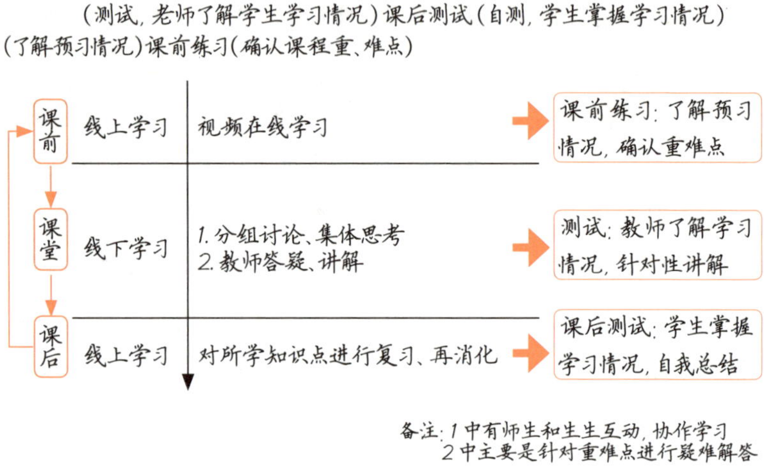

翻转教学时间分配图

根据上面这张时间分配图来看，翻转教学的具体实施形式就是：

在课前，学习者通过制作好的视频进行在线预习，了解课堂上所要教学的内容和知识。在学习之后有一个课前练习，重点是了解学习者预习的情况，即本节课内容的重难点在哪里。

在课上，教师根据课前练习中学习者的错误情况来进行教学的时间分配。针对重难点让学习者进行分组讨论、集体思考，再进行针对性讲解。

在课后，学习者可以根据已有课程资源对本节课的内容进行复习，并且学习者可以通过一个测试了解自己本节课的掌握情况。教师也可以通过学习者的数据结果对整体的教学效果进行分析、研究。

对于翻转课堂的价值，许多专家以及相关实证研究都证明了其意义。有研究者认为翻转课堂更加符合学习者的学习规律[10]。总而言之，从学习者的角度来看，翻转课堂强调以学习者为主体，有利于学习者自己掌握学习的进度和深度；有利于学习者通过个性化的学习互动，包括与教学者、与学习者、与学习材料之间的互动，来有效掌握知识和优化自己的学习过程。从更广的角度来看，翻转课堂也有利于构建和谐的新型师生关系，提高家长对于孩子教育的参与度，促进教学资源的有效利用和研发。

当然，翻转课堂的实施也存在一定的挑战和局限之处。一方面，它适合于小范围的教学以及要求学习者有一定的学习自主性，另一方面，它对于教师的能力和在线学习资源的质量都有一定的要求。我们在实施的过程也要意识到这些挑战，从而更加有效地利用这种教学形式。

二、作为教师，我们可以怎么做呢?

前面我们说到混合课堂发挥的作用不一定是积极的，它价值的发挥受到很多因素的影响，例如，教师的教学能力和技术素养、网络课程的设计，学习时间的分配、学习活动的组织、互动的及时性和有效性以及反馈需求的满足、学习者的信息素养和有效学习等因素。在混合教学实施的过程中，我们可以参考以下建议。

· 掌握大原则

在教学设计上我们需要掌握一个大原则，即“理念相同，但具体实施过程和突出特点却不同”的原则。这个原则的意思是虽然混合教学或者翻转课堂的理念是共通的，比如说在线和传统教学的有效混合，发挥教师主导和学习者主体的作用。但根据课程的特点、网课资源的设计、教学的规模大小、教师本人的特点等等，我们可以对混合教学的具体实施过程进行一定的操纵。

完全合适的教学方式不是理论上的定义，而是需要在实践中摸索出来。不需要使用固定模板、完全复制，而是结合需求，法无定法，灵活设计。

· 有选择地应用

要知道并非所有学科都适合混合教学，不必为了应用新型教学方式，在所有学科教学中都采取混合教学。

例如，因其特点不同，理科科目比文科科目更易运用混合教学的方式，因为它的知识点明确，可以通过一个公式、一道例题或者一个实验而迁移到一类问题中。而文科的知识点划分相对抽象，边界可能较为模糊，往往需要思想上和情感上的互动才能清晰地理解。但这并不意味文科科目不能运用混合教学，只不过它需要做的会更多。

· 确定的总体目标

混合课堂中的在线课程和面对面课程起到的作用是不同的。在开始设计混合教学时，首先要确定好总体目标，因为总体目标不同，课程设计和教师采取的行为策略也不同，教师不同的行为策略对于学习者的学习影响的方面也是不同的。

目标的设定既可以是一门课的总体目标，也可以是一个阶段或者一堂课的目标。比如说某一节语文课的教学目标是让学习者能够领会《春江花月夜》的意义，并且运用相关的分析技巧来分析古诗。

·合适的阶段划分

根据确定好的课程目标来划分不同教学阶段的任务，对学习内容进行划分，并且确定教学时间表。

有效结合课堂学习环境和网络学习环境下的学习是实施混合学习的关键。网络学习环境下的内容更着重于知识传授和讲解类知识，课堂上与教师、同学互动学习的内容可以更加着重于解析类、应用类、创新类的知识。

关于课程每节课的教学时间也要做好时间规划，根据划分好的知识单元（围绕一个核心问题分解出的若干相对集中的知识点）来制定时间表。例如，关于语文课《春江花月夜》的学习，课前学习重点在对于诗句意义的理解，修辞手法的学习，而课堂上则可以通过互动来解析诗中蕴含的情感和表达的深意，以及对抒情手法的识别。

·合适优质的在线学习资源

无论是自己编制，还是选择网络已有的教学资源，网络学习资源都要注重合适性和高质量。

合适性意味着资源内容要与本节课教学的内容范围和深度要相符，能为课堂的互动学习奠定基础；要针对学习者的实际情况，如时间长度要适当。

高质量要求学习资源要丰富，呈现形式可以包含文本、图片、视频等，并且能够激发学习者的好奇心，启发思考。

·课前的在线交流和评价

课前的在线学习最好包含交流和共享的功能。

有研究指出可以通过在线学习中的交流和互动来提高学生的

社会临场感，进而增强在线学习者的归属感以及凝聚力，使学习者快乐、不孤单地学习。这可以基于已有的平台来实现，如中国大学 MOOC 等都有构建互动和在线学习社区的功能。

课前在线学习的评价一方面发挥着监管功能，另一方面可以辅助确定课堂教学的内容和形式。例如，平台具有的穿插提问、随堂测验的功能，可以了解学习者学习的难点在哪里、问题在哪里；而后台数据可以知道学习者的自主学习情况来监督学习者的学习。这有利于学习者自主构建知识体系。

· 非正式的课堂学习环境

打造适合学习的环境以及适合互动的环境，混合教学下的课堂教学重在教师和学习者的互动、协同。

在相对非正式的环境中，学习者会感觉思维更自由，不被常规束缚，也会在更舒服的状态下跟同伴、教师进行互动。这种非正式环境是相较于传统课堂那种教师在台上，台下学习者整齐排列坐好的环境而言的。可以通过小规模的分组、改变座位布局、教室的温馨设置等方式实现。例如，在课堂学习中，可以将班级座位按照圆形分布，或者四人一组，面对面地设置座位等。

非正式课堂环境

· 有效的教学设计和活动组织

在课堂上，关于互动课题的选择，可以把课前交流和评价反映的共性问题记录下来，作为学习讨论的主题，然后根据主题提出有探究价值的问题。

让学习者根据兴趣自主选择探究题目进行小组讨论。小组讨论的目的是为了让同学之间进行协作学习，通过对话、商讨、辩论等形式，充分论证所研究问题，以达到学习目标。

· 多元的学习评价

混合教学的学习评价具有独特的优势，因为其具有多元性，可以评价学习者的学习过程和学习结果。

一是可以通过后台的云计算数据来了解学习者的学习情况（包括学习时长、题目正确率等）。

二是可以通过学习者在课堂参与讨论的积极性、参与的深度等来评价其课堂表现。

三是可以通过传统和在线的测验成绩综合了解其学习结果。

此外，在课后，学习者可以通过在平台上呈现自己学习结果，进行经验分享，从而借鉴学习优秀的学习方法。

本章小结

首先在初次接触在线课程时，教师要了解它与传统课程的区别。在开始网络教学前，要做好心理准备，树立正确的态度，保持积极的情绪。从根本上来说，教师要提高教学效能感，以更好地实现在线教学环境中教书育人的目的。

其次，要想上好一堂网课，除了做好硬件软件技术等准备外，更要了解好的网课是什么样的，以及需要做好哪些自身的准备。

最后，了解什么是混合课堂，并且将其有效地运用到现实教学中，对于更好地开展在线教学也是十分有帮助的。

参考资料

[1] 王冬冬，王怀波，张伟，等."停课不停学"时期的在线教学研究：基于全国范围内的33240份网络问卷调研[J].现代教育技术，2020, 30 (03): 12−18.

[2] 何航，王银泉.外语学习焦虑研究的回顾和反思(2001—2018):基于一篇高被引论文的可视化分析[J].当代外语研究，2020(02) 68−82.

[3] 李松，冉光明，张琪，等.中国背景下自我效能与心理健康的元分析[J].心理发展与教育，2019, 35(6): 759−768.

[4]Lunsford, A. A., & Lunsford, K. J. "Mistakes Are a Fact of Life": A National Comparative Study [J]. College Composition and Communication, 2008, 59(4): 781–806.

[5]Pronin, E., Jacobs, E., & Wegner, D. M. Psychological Effects of Thonght Acceleration [J]. Emotion (Washington, D. C.), 2008, 8(5):597–612.

[6]Delgado, P., Vargas, C., Aclcerman, R., & Salmeron, L. Don't throw away your printed books: A meta-analysis on the effects of reading media on reading comprehension [J]. Educational Reseach Review, 2018, 25: 23–28.

[7]Garland, K. J., & Noyes, J. M. CRT monitors: Do they interfere with

learning? [J]. Behaviour & Information Technology, 2004, 23(1): 43–52.

[8] Charles, R. Graham., Wendy Woodfield., & J. Buckley, Harrison. A framework for institutional adoption and implementation of blended learning in higher education[J]. The Internet and Higher Education, 2013, 18: 4–14.

[9] 腾艳杨 . 社会临场感研究综述 [J]. 现代教育技术 , 2013(03):66−72.

[10] 田爱丽 . 借助慕课改善人才培养模式 [J]. 中小学信息技术教育 , 2014, (2): 13−15.

第三章
在线教学设计

在做好准备后，我们需要开始着手设计在线课程。不论是线上还是线下教学，课程都是教学的核心，它决定着教学的质量。因此，本章就在线教学设计所涉及的线上与线下的差异、对象与目标、总体结构以及课堂的掌控等方面进行探讨。

第一节　线上与线下的有何不同？

在前面的内容中，我们介绍了在课程准备前要了解在线课堂和传统课堂的基本差异，包括形式、目标、对象和方式等方面的基本差别。在本节中，我们从课程设计方面具体地介绍两者的差异，以便于教学者把握在线教学设计的大方向和大原则。

一、教学环境的跨时空性

在教室里和同学们一起拿着课本听着教师在讲台上讲课，这就是我脑海中的教学场景。相信多数人与我一样，提到上课就会想到这个画面。以前的学习者也没有想过也许有一天会在半夜3点，穿着睡衣，发型凌乱，抱着电脑，窝在卧室的角落向教师提问，并且与其他同学进行思维的碰撞。

网络时代的来临，对传统教学的影响，最直观的就是教学环境的改变。从以前的教学双方处于同一时空，面对面进行互动的唯一方式，变成了教 / 学 + 时 / 空的多种方式。无论是同时不同地，还是同地不同时，一方在线或双方同时在线都可以进行教与学。在线课堂打破了传统课堂零距离、零时差的壁垒，借助互联网创造出另一种“零”距离、“零”时差。

传统课堂中，教师和学习者需要约定共同的时间和地点，才能进行教学授课；而在线课堂中，可能半夜 12 点，只要你有了想学习的心、网络稳定，你就可以在线听课，甚至向教师提问以及和其他同学互动。你可以在自己想学习的时候立刻开启学习模式，可以在任何你觉得舒服的地方开启你的学习空间，也可以选择独自学习或是与他人互动的群体学习。

可以说，这种环境的变化使得学习变成学习者自己的事。学习的节奏和时间安排掌握在学习者自己的手里，他们可以感受到更多的自主性和控制性。

二、教与学对象的多选择性

在教学中，我们经常说要因人而异。每个人都有自己的特点，学习者是，教师亦是。对知识的学习，每个人都有不同的学习风格，不同的思维模式。如果把教师的教学风格比作输出频率，学习者的学习模式比作输入频率，那么当输出频率和输入频率匹配的时候，有效传输的信息量就会最大，这可以被认为是一种最优的教学状态，但这种 100% 匹配的情况只存在于理想之中。

如果教师被束缚在不适合的规则中授课，他的授课风格和效果会打上折扣，而学习者在自己不适应的教学模式中学习，对他的学习效果也会有影响。所以一个合适的、匹配的教学风格对师生都很重要。换句话说，找到和自己同频的教师或者学习者十分重要。

当然，我们也一直在探索教学效果的最优化的改革方式，如想方设法地提升学习者的学习兴趣、学习主动性；通过各种教学改革、培训等让教师掌握不同的教学模式；鼓励教师们尝试不同的教学风格，丰富教学形式和方法等技术；对课程内容和安排进行设置，让课程特点更明确、更丰富。但是这一切的实现同时受到现实的限制（在时、空上可触及）。

☆ 作为学习者

对于学习者来说，对课程和教师的选择更多了。

在传统课堂中，学习者如果有一天想听本校其他专业教师的课，还能想办法蹭蹭课，但是如果想听外地甚至外国教师的课，除非能到他的课堂，不然就只能幻想有一天他能来学校授课讲座了。而当学习者对本专业之外的一些课程科目感兴趣时，大多数也只能尝试蹭课和买书自学的方式。并且这些具有可操作性的方法也是需要投入一定成本的，有些甚至需要花费很高的经济成本。

但现在，由于互联网的低门槛和便捷性，我们可以跨越以上的限制，低成本、简单快捷地找到很多学习资源。从教师的选择，到课程的选择，虽没有到量身定制的程度，但也比以前多了许多。

如果学习者对自己足够了解，或者说对学习目标的定位足够准确，那么他就能从众多选项中选一个较为适合自己的教师和课程，从而达到较好的学习效果。

别人家的课

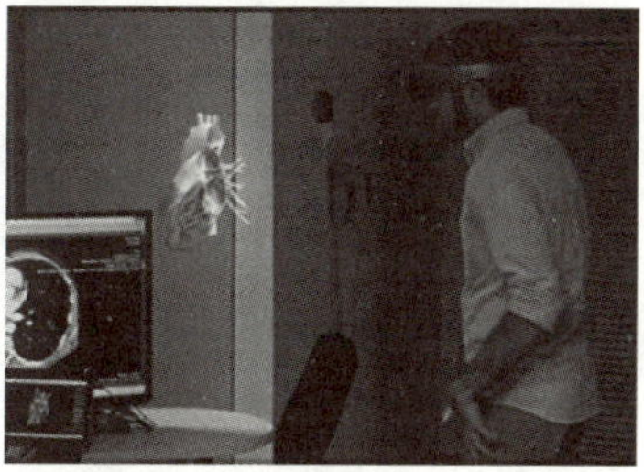

高科技网课

相比于传统教学，教师与学习者的适配性更高了，并且也无须花费较高成本就能达到这种适配。

☆ 作为教师

学习者对于授课教师和课程可以有更多的选择，教师当然也可以。

在现实世界，当一位教师想要教授一门课时，需要有足够多的学习者，或者有着非开不可的必要性，不然很难按照自己的意愿开设一门课程。没有课程载体，没有教师身份，没有听课对象，这些知识“火花”既不能碰撞成新的大“火花”，也不能发散传播，然后还要受到时间和空间的限制。

但是在虚拟世界，只要你愿意，就可以通过直播或者录播方式当教师上课，并且学习者的受众范围从线下的一定数量变成全网可听可看。当教学者想分享一些自己的学习心得、知识创新、知识理解等内容时，或者突然有了灵感，想趁热打铁实时交流分享时，这些情况在线下课堂可能很难达成，但在网络教学中就不是问题了。

此外，在网络课堂中，人人都可以当教师，人人可以当学习者，你既可选择自己的身份，也可以对教、学的对象有更多的选择和控制。

三、课程形式的不同

☆ 呈现形式——以网络录播课程为例

教学课堂从最初的教师和学习者在一个屋里，配上书本即可，到后来有了黑板，再到现在有了 PPT。从最开始的只有课本，再到板书，再到现在常见的多媒体教学，教师们的授课载体也在变化。而网络学习，使得课堂呈现的形式更加丰富。

在传统课程，没有教师出现的课堂无法传道授业解惑，但是网络课堂可以做到只闻其声不见其人，那网课中教师到底要不要出镜呢？教师的形象是否一定要出现在课堂中呢？有研究表明，教学视频内容以陈述性知识（关于事物及其关系、理论、规则的知识，或者说关于“是什么”的知识）为主时，呈现教师形象（出镜）更有利于学习。因为教学视频中教师形象的呈现，可以提高学习者与教师之间的社会联结，激发学习者的社会反应，如“教师在给我上课” 等反馈，从而增加了他们的学习动机和投入，最终提高学习效果。

但是，当教学内容以程序性知识（关于完成某项任务的行为或操作步骤的知识）为主时，教师形象的出现可能有反效果。因为当教师形象出现在屏幕时，学习者需要分配部分注意力对教师的形象进行认知加工，导致对学习内容加工的注意力减少，不利于学习。所以，在讲解程序性知识时，将持续呈现教师形象改为间断呈现后，学习者需分配给教师形象加工的注意力将减少，认知负荷将会降低。同时，他们仍能通过间断出现的教师形象来获得与“真人”互动的感觉。在此基础上，学习者将获得更好的学习效果以及更高的学习满意度。

在讲解程序性知识的关键内容时，不呈现教师形象，促使学习者将更多的注意力分配到学习材料上，而在其他时候如陈述性知识时，则呈现教师形象与学习者进行互动。

当然，当教师出现在视频中时，教师所在的视觉位置、呈现的大小比例、手势、目光、表情、语音语调语速和语言表达原则（例如，教师的授课视角，第一、二人称视角与第三人称视角对于教学效果就有显著差异）等线索，都会影响学习效果。其中前两者是网络学习特有的，其他即使在现实课程也是值得注意的地方，但由于网络课堂的特殊性，即我们接下来要描述的不同的互动形式，这些教师教学线索的影响会和线下的影响有所不同。

☆ 互动形式——弹幕 / 实时评论为例

互联网技术的发展和电子设备的更新换代，为我们的世界带来了无限可能，也使得我们的课程形式变得多元。

作为学习者，以前从来没有想过，自己有一天能一边听着教师讲课，一边接收同学们的各种信息。比如课堂弹幕、直播中的实时评论区，让我们在接收知识信息的时候，可以及时与同窗交流，相互启发，增加对知识的理解，当然也能是吐槽。这种方式，拉近了师生和同学之间的距离。

同时，教师也变得更包容，他们将课堂的掌控权分给学习者。在以前，课堂的讨论或者互动是在教师觉得合适的时候进行的，互动设置的依据是教师对学习者的预测。但实际情况中，设置的互动可能并不是围绕学习者有疑惑、需要进行互动的知识点，或学习者有兴趣、愿意深入的知识点等。

课堂提问是为了将学习者从被动学习拉入主动思考理解的情境中来，可是这种化被动为主动的过程其实也是一个被动的过程，学习者的主控力并不明显。弹幕 / 实时留言可以让教师看到与自己猜测不同的、大家愿意讨论交流的知识点，能更直观地看到学习者的状态。这不仅让学习者有更多的控制感，还能更多地了解学习者们对知识点的了解程度，获得实时反馈。

教师也可以善用弹幕，在对应的知识点下，利用弹幕展开一个发散的引导问题（俗话叫“托”，即自己给自己做铺垫）。

学习者变得更主动。很多时候，在线课堂采用匿名制的讨论形式，便于让学习者们更愿意表达自己，更真实地呈现自己的想法，这样可能会碰撞出很多意想不到的火花。如 ICAP 框架（美国亚利桑那州立大学 Micholione T.H.Chi 教授提出的学习方式分类框架，将其分为被动学习、主动学习、建构学习、交互学习 4 种类型）指出，当学习者进行互动时，他们受益于他人对知识的理解，可以更好地对自己的思维方式进行调整，找到和自己一样的同伴（或同样的理解、体验，让自己不孤独），看到被低估的人等，这些意外的惊喜，都会让参与者有丰富积极的学习体验。

在线课堂的氛围变得更和谐。在这种课堂中，对于很多学习者而言，类似“弹幕”的讨论形式，不会给他们造成压力。首先，它是由学习者发起的，作为主动方有更多掌控感；其次，在线课堂的学习者们更多地关注内容而不是某个个体（在现实中，发言者会被大家关注，那种注视有时候也是一种无形的压力），个体如果表现得不好，也不会觉得有压力，自己可以悄悄地改正，找到更合适的展示方式。而好的反应也会让个体有良好的体验，进而激励其更好地展示自我。这种多元的讨论呈现，既能带动课堂的互动氛围，提高教学效果，又能真正地将学习者变成了主动的学习者。

当然，弹幕 / 实时评论也会对课堂效果有消极影响，学习者很可能将他们有限的注意资源的一部分用于处理他人的信息，与此同时，还需要处理视频课程中的教学内容，这种情况很可能导致注意力分散，阻碍学习者的知识迁移。根据多媒体学习的一致性原则，对他人无关信息的处理减少了分配给学习内容的认知资源。从这个角度来看，观看视频的同时观看弹幕，可能会阻碍学习。所以这种互动方式也需要在合适的阶段进行。

☆ 课程时长——微课为例

传统课堂，一般多为 45 分钟一节课。教育心理学认为，一般青少年的注意力持续集中时间在 10 ~ 30 分钟，成年人注意力持续集中时间在 30 ~ 50 分钟，所以中国的学校课堂大都是 45 分钟为一节课。

每节课 45 分钟包含了个体注意力从开始到衰落的整个过程。相信你有这样的体验：刚开始上课注意力特别集中，也很容易集中，但随着时间越来越长，这种集中的效果会不断地下降，到下课的时候基本就是注意力集中程度最弱的时候，这是一个由强到弱的过程，并且我们的记忆力也会随着这个过程变化。这种 45 分钟的设定，是针对全日制在校生设置的。但现在，还有很多人想用自己的业余时间进行学习，然而由于日常的工作 / 学习占据了很多时间，消耗了很多能量，所以学习者或是在非工作时间没有那么长的时间去进行学习，或是集中注意力的时间并不能控制在 45 分钟。这时，微课的出现，解决了这个问题。

微课可以理解为教学短视频，一般在 5 ～ 25 分钟，相较于传统的 45 分钟一节的教学课来说，“微课”可以称为“课程片段”。微课最显著的特点是时长短，由于时长的限制，它就有了以下特点。

· 教学主题小而精

相对于主题较宽泛的传统课堂，“微课”的问题集中、主题突出，更多地聚焦在课堂教学中一个学科知识点（如教学中重点、难点、疑点内容）的教学，或是反映课堂中某个教学环节、教学主题的教与学活动。所以相对于传统一节课要完成的复杂众多的教学内容，“微课”的内容更加精简。

· 单次的资源容量存储少

“微课”视频及配套辅助资源的总容量一般在几十兆左右，视频格式须支持网络在线播放的流媒体格式（如 rm，wmv，flv 等）。学习者可以流畅地在线观看课程视频，查看课件等教辅资料，也可灵活方便地将其下载保存到终端设备（如笔记本电脑、手机、MP4 等）上实现移动学习、“泛在学习”（泛在学习，U-Learning，又名无缝学习、普适学习、无处不在的学习等，它指的是每时每刻的沟通，无处不在的学习，是一种任何人可以在任何地方、任何时刻获取所需的任何信息的方式）。“微课”视频也非常适合于教师的观摩、评课、反思和研究。

· 功能细化

“微课”课程功能更细化，可根据功能分为课前复习类、新课导入类、知识理解类、练习巩固类、小结拓展等。它将传统一节课要完成的复杂众多的教学内容分为若干部分，用户可以自行决定如何分配自己的学习时间和重点。

第二节 确定教学对象与目标

先进的科学技术极大地提高了网络课程的交互功能，能够实现教师与学习者、学习者与学习者之间的多向互动和及时反馈，具有极强的灵活性。

网络课程最大的优势就在于突破了时空的限制。网络化的学习环境，使得学习者无论在何时何地，只要能够上网，就可自主选择需要的内容进行学习，而且可以自行控制学习进程。

正是因为这些优势，最近几年我国高校网络远程教育迅速兴起，并取得了长足的发展。这就可以让各大院校积极利用其丰富的学习资源和教学优势，结合现代网络的技术优势，全面开展各类专业的学历学位教育，构建集学历和非学历教育为一体的多层次、多模式、全方位的网络课程体系。

网络课程体系同样也要体现出因材施教和个性化教学的优势。网络课程是一种师生准分离状态下进行的教学。网络课程的学习者差异较大，网络环境中的师生关系由传统的单向传输转变为平等的伙伴关系，因此网络课程更应该实施个性化教学。

· 有针对性的教学设计

即使是网络课程，教学设计中也要包含教学目标、学习者特征、教学资源和教学评价。

所谓针对性，一方面指要确定教学对象，即课程目标受众是谁。不同的目标受众决定了不同的教学目的，以及不同的教学方式。另一方面指要确定课程的教学目的，即本课程的主要目标是什么？确定了教学目标，就能确定学习者必须学到什么知识，从而分析为了达到预期的目标如何进行教学，在分析的过程中要根据教学目标来确定教学内容和所提供的教学资源，并根据学习者的特征决定教学的基础起点，在此基础上采取什么样的教学策略和教学方法，最后，对教学进行评价，检查和评定预期的教学效果。

关于教学对象的确定，主要取决于教学者个体和课程内容与对象的适配性。教学者完全可以根据自己的需要和兴趣等来确定，基于此根据教学对象的需求和自己的能力等因素确定教学目标。

· 教学环节完整

整个教学环节的设置都是围绕学习需要和目的来开展的。教师可以根据实际情况和教学风格，从上述教学环节中的任何一环出发，然后形成总结性的评价贯穿整个教学过程，再根据评价和学习需要及目的调整教学过程。

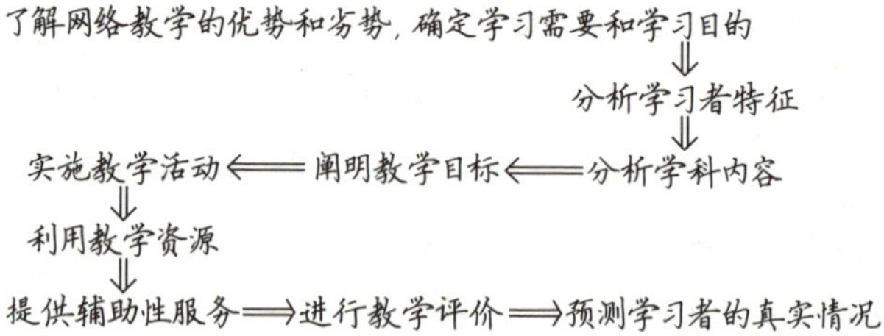

· 发现学习者的优势

教师要善于发现学习者的优势，这种优势不仅仅指的是跟学习有关的智力水平。

加德纳的多元智力理论认为，智力指的不是一种能力，而是一组能力（他认为有 8 种，分别是言语语言能力，数理逻辑能力，视觉空间智力，音乐韵律智力，身体运动智力，人际沟通智力，自我认识智力，自然观察智力），这些智力是以相对独立的方式存在的。每一种智力在人类认识和改变世界的过程中都发挥着巨大的作用，具有同等的重要性。每个人的智力都有独特的表现形式，每一种智力又有多种表现方式，所以很难用一个统一的标准来衡量一个人的智力水平。

作为教师，要善于发现学习者最擅长、最独特的智力表现方式。例如，有的学习者的语言智力很发达，能灵活运用语言能力，并且擅长用不同的词语和方式来表达复杂的意思，那么这个学习者的言语语言智力可能在比较高的水平上。如果教师及时发现了他的这种优势，并加以良好的引导和利用，即使他在其他方面的智力水平不高，这位学习者也能很好地发展个人的语言能力。

第三节　课程总体结构如何设计?

对一门课的设计，笔者认为，首先要弄清自己的定位，自己对本课程的教学理念是什么？它是一门课的基础，决定了课程的风格和走向。

一、课程类型

在对一门完整的课程进行设计时，首先要明确这门课程的类型是什么？总体来说，课程类型分为以下几种。

☆ 以科目为中心

以科目为中心的课程设计，把课程内容作为课程横向、纵向结构的基础，而课程的其他成分，如目的、目标、学习活动等，对课程的组织所起的作用不大。

☆ 以学习者为中心

以学习者为中心的课程设计是以人为中心的哲学思想的产物。这种课程设计强调个别发展，强调课程的组织形式要产生于学习者的需要、兴趣和目的。

这种设计的典型例证就是“活动—经验”设计，其主要特征是其课程结构由学习者的需要和兴趣来决定以及重在问题解决。

☆ 以问题解决为中心

以问题解决为中心的课程设计与学习者中心一样，同样根植于以人为中心的哲学理念。但两者的区别在于，问题解决中心的设计更强调集体的作用，把重点放在个人与社会生存的问题之上。这种课程设计一般包括生活领域设计和核心设计。

二、课程内容的设计

☆ 一门课的设计

课程的组成是由学科的分级结构决定的，设计的原则如下。

从简单到复杂
⇓
从特殊到一般
⇓
从一般分类到细致分类

一门课程的设计，一定是由浅入深的，和盖房子一样，是从地基开始搭建。设计一门课程之前，要先确定课程的性质和目标，就像盖房子前，先确定是住宅楼还是办公楼，以及多高（4 层楼还是 50 层楼）。

一门课一般都由若干章节（知识点）组成所以在备课时需要将教学内容和计划具体到章节（知识点）。就内容上而言，首要确定每个章节（知识点）的教学目标，也就是希望达成的样子（或者说学习终点）；在这个工作中，还需要考虑到每个章节内部，相邻章节之间的教学结构逻辑；最后还需要考虑对于本课程，如何检验其教学效果，并通过测验或者评价体系完成课程教学总结。

☆ 一堂课的设计

值得一提的是，我们也需要把每节（次）课看成一个完整的个体，那么对于一个完成的作品来说，它是有其基本的组成部分的，并且在必要的部分之外，可以根据需求进行延伸或者对必要部分进行形式的修改。

常见的课堂主要由三个部分组成，即导入、正文和总结，其中正文为教学的核心部分。

导入。一般是为了吸引学习者的学习兴趣，对教学主题内容进行铺垫。可以由一个故事引入主题，也可以由一个热点话题引入主题，还可以由一个视频引入主题。总之，引入主题的形式可以是无穷变化的。

正文。一堂课的核心部分，里面涉及理论知识的讲授，对知识点的理解和互动，对操作内容的示范、练习等。这些部分的内容和时间比例，会依据教师对课程的设计而有所不同。

互动。是一个重要的环节，就现在以学习者为中心的教学方式而言，甚至是必需的环节。只有通过互动，教师才能更好地了解学习者的兴趣，才能觉察、预估学习者的学习效果。通过互动可以使师生的思维保持同节奏，同频率。

示范/练习环节对于操作性学习内容而言是十分重要的。只有通过示范，学习者才能够进行有效模仿，获得操作体验，练习则是对学习到的知识进行及时强化。

总结。一堂课的点睛之笔。适时小结、及时评价是课堂教学的重要环节。它可以使学生将一般知识上升为理论，加深学生对知识点的理解，同时点出课程的重点，达到一种“课虽终、思未了、趣不尽、意犹存”的境界。

第四节　如何上好一节在线课？

在前文中我们提到，基于网络教学与传统教学的诸多不同，如课程时长和内容的改变，师生互动的减少，实时监督和反馈的缺乏等。因此，教师在进行网络教学设计时，不能单纯地将传统教学设计迁移到网上课堂中，不能单纯凭借自己的教学经验进行网络教学，否则会降低教学的效率，减弱学习者学习的积极性，浪费教学资源。因此，本节将聚焦于具体的一节课程，谈谈如何提高网络教学的效果。

一、以学习者为中心

“以学习者为中心”的教学原则最早是由人本主义心理学家卡尔·R. 罗杰斯（Carl R. Rogers）提出的，强调由“以教为中心”

向“以学为中心”转变，让学习者自己去发现和创造知识[1]。

而随着网络教学平台的兴起，学习者的学习方式和教师的教学方式都发生了巨大的变化，互联网时代的学习超越了传统教育的课程与教学模式的限制，使教学和学习可以不受时间、地点、条件的限制。这增加了学习者选择的自由性，学生可以自由选择教师、学习内容以及调整学习进度。因此，学习者的学习主动性增加了，他们能够与世界各地的教师进行交流，主动与教师探讨重点、难点问题，享受丰富的教学资源，这是以学习为中心的原则的最好体现。

既然要以学习者为中心，教师首先要弄清楚学习者在网络学习时的状态、可能遇到的问题以及真实的需要，而这些信息恰恰是教师在网络教学时由于缺少及时有效的互动所缺乏的。

在网络教学过程中，教师总会遇到这样的情境，明明自己在屏幕前或者讲台上讲得面面俱到，学习者也好像在聚精会神地听课，没有小动作，但是回答问题时，却还是支支吾吾甚至一问三不知，这难免会打击教师的积极性。而学习者的实际学习效果也不如预期，这种情况在缺乏监督的网络学习环境中更加明显，这背后正是“虚假”注意在作怪[2]。

想要打破虚假的注意，我们首先要了解我们的大脑是如何注意到事物的。美国心理学家谢福林（R. M. Shiffrin）和科克 · J. 施

耐德（Kirk J. Schneider）最早提出，我们的大脑在对外界事物进行加工时有自动化加工和意识控制加工两种加工机制。自动化加工不需要我们有意地将注意力指向事物，不受注意力资源的限制，可以自动地进行。比如，我们可以一边骑车一边欣赏风景，骑车这个行为已经能够自动进行了，不需要再去刻意控制。那与之相对的意识控制加工就需要注意的参与，并受到注意力资源的限制，可以随着环境的变化不断加以调整。很明显，对于学习者来说，网课学习就是一种意识控制加工过程，需要时刻保持高度的注意，自然无法长时间维持[3]。

同样地，著名经济学家卡尼曼在《思考快与慢》一书中将我们大脑的加工方式分为两种，无意识的“系统 1”依赖情感、记忆和经验迅速做出反应，但容易犯错；有意识的“系统 2”通过调动注意力来分析和解决问题，并做出决定，但系统 2 比较懒惰，往往会遵循系统 1 的决定。

而社会心理学家乔纳森·海特在 *The Happiness Hypothesis* 一书中将我们大脑这两种加工系统形象地比喻成大象和骑象人，骑象人代表大脑中受控制的部分，即意识控制系统，与之相对的，大象代表大脑中其余不受控制的部分，即由直觉、身体、情绪和直觉等构成的无意识系统。

骑象人：类似于卡尼曼提出的理性的系统 2，骑象人会告诉我

们哪些东西是我们应该做或不该做的。

大象：类似于感性的系统 1，就像“跟着感觉走”“我觉得我懂了”，这部分会被新颖、快乐、舒适或熟悉的事物所吸引。

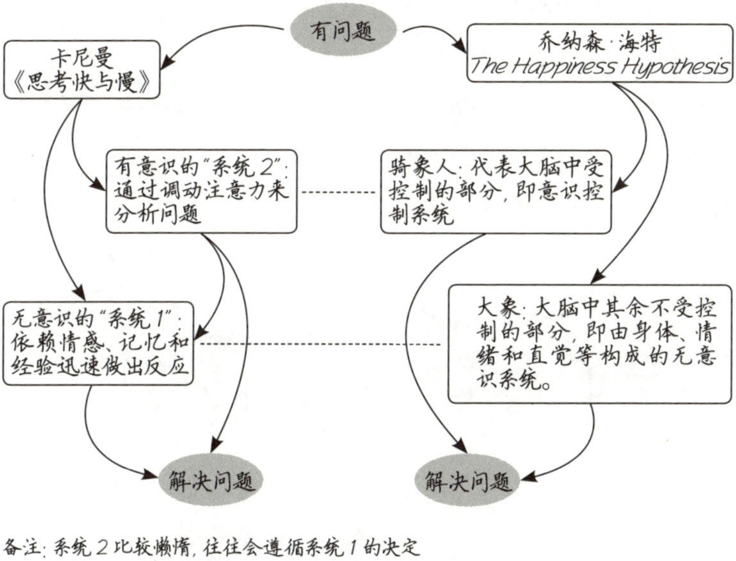

人的大脑的加工方式

每个人都有骑象人和大象，大象会被各种新异刺激吸引，骑象人会去加以控制，提前进行计划，并为一些长期目标而牺牲短期即时的欲望。毫无疑问，如何引导学习者去做好骑象人，控制自己的大象，就是网络学习提高学习者注意力的关键所在。

但很多时候，人们往往高估骑象人的控制能力，其实大象并没有我们想象中那样温顺，这也是为什么简单地告诉学习者“好好听课”“注意听讲”之类的并没有太大的效果，教师应该采取更有效的方法来吸引“大象”的注意，帮助学习者的“骑象人”

更好地控制自己的大象，将注意集中在课堂之上。

二、奖励强化

让学习者能够投入在线课堂的一个有效的方法就是提供奖励反馈。就像行为心理学家斯金纳对老鼠所做的强化实验那样，通过不断的奖励来强化老鼠的行为，使老鼠最终能自己打开笼门，获得食物。当然，对于学习者来，打开笼门再简单不过（对老鼠可不一定），但集中注意力进行在线学习则存在困难，因此教师就要合理运用奖励反馈来“操纵”学习者的行为。

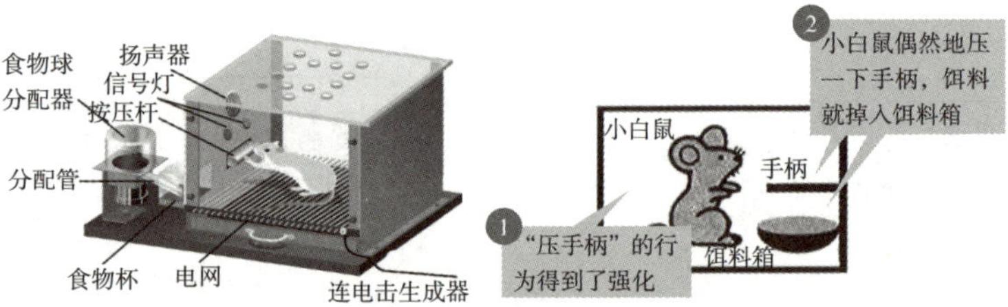

斯金纳强化实验

学习的乐趣

☆ 意外收获

研究表明，人们对预期内的奖励和意想不到的奖励会产生不同的反应，当人们面对意想不到的奖励时，大脑会产生更大的心理预期和相应的奖励结构。而且当人们对这种奖励的预期包含与自我有关的信息或积极的情绪时，更愿意去停止现在的行为以获得长远的奖励，在网络学习中则指学习者会在电脑面前专注更长时间[4]。

比如说：我们每年都会收到10元红包，长此以往，我们可能对这10元钱并不会感到惊喜。但试想一下，如果我们在课程学习中，因为听课认真而获得了10元奖励，这带给我们的惊喜就截然不同，原因在于后者具有不可预测性，当然教师不能使用金钱诱导，类似的奖励（当众的表扬、一些小奖品等）能够起到同样的效果。

☆ **让奖励具有内在性**

虽然奖励是一种直接有效的方法，但教师要避免滥用奖励，我们提到对学习者有价值的奖励无疑是有效的，但那些与学习无关的奖励（金钱、糖果等）却可能会降低学习者的积极性。

美国著名心理学家德西（Deci）提出的自我决定理论将行为的动机分为内部动机和外部动机，由外部的奖励所引起的学习行为，即外部动机支持的行为，是很难维持的。如果外部奖励过度的话反而会降低学习者的积极性，让学习者认为自己学习的目的仅仅是为了获得奖励，而不是学习内容本身。

因此，如果奖励具有更多的内在性，即学习出于内部动机，比如教师的表扬带来的成就感，好成绩带来的成就感等，学习者就会对学习内容产生更大的兴趣，自然就能保持专注。教师可以采用以下几种方式来提升学习者的内在动机。

根据学习者成绩不同给予奖励。比如，学习者成功地完成一项任务，便奖励一颗星星或红花。当然教师也可以与网络相结合（利用学习者喜欢的网络游戏，根据学习者的表现奖励相应的经验值，并能利用经验值升级），教师可以将每个单元测验设置成一个有趣的关卡，把题目从易到难设置为不同等级的 Boss，甚至还可以根据学习者的等级（掌握水平）让其自由选择关卡的难度等，让学习者在游戏中学到知识。

展示自己的机会。激发学习者内部动机更有效的方式，是给学习者提供展示自己的机会。比如，教师可以在网上创建成果展览空间或者学习者分享区，这能够使学习者获得学习成就感。

选择的权力。之前提到，只有提供对学习者有价值有意义的奖励，才能激发学习者学习的动力，但意义与否是取决于学习者的。因此，教师可以让学习者写下自己的愿望清单，让他们自由选择所希望获得的奖励，真正参与课程教学中。如此能够极大地提高学习者的兴趣和积极性，当然这一点是很难做到的。

诸如此类的方法有很多，总之，教师应该让学习者在学习过程中有足够的满足感和成就感，学习者才会专注于课堂。

三、制造“冲突”

注意，我们不是鼓励教师与学习者之间产生冲突，这里的制造“冲突”指的是在网络教学过程中制造不一致性。

首先不可否认的一点是，教学的一致性对于学习者是有帮助的，能够减少学习者的认知负荷。因为学习者在熟悉的情境中对信息进行搜索、组织和整合时，不用付出额外的注意，从而提高学习的效率。但问题在于，大量一致性的信息，像重复的课程界面、课程反馈、教学方式等，很容易让学习者产生倦怠情绪，并忽略某些重复出现的信息和线索，因此教师在网络教学中要学会变化，即“不按常理出牌”。

下面我们想象两个场景：

当学习者开始学习一个新章节时，教师说："下面我们要学习六个相关的新概念以及每个概念的应用条件和扩展描述"，听到这里大概率是学习者积极性已经消失一大半了；

但如果教师接着说："刚才只是一个介绍，我当然不会这样讲了，我们只需要把重点放在两个最关键的概念，其他了解即可。"

很明显地，我们会普遍认为学习者更喜欢后者这种课堂形式。因为这种教学方式能够激发学习者上课的兴趣，学习者会有更多的信心和精力投入到学习中去，或者我们会说这种教学方式很幽默。

而幽默的实质就是我们预想中的场景与实际发生之间发生矛盾，即我们所强调的不一致性，当学习者在千篇一律的网络学习的过程中产生的思维定式被打破时，由此产生"啊哈"的反应感受，便能抓住学习者的眼球，激发学习者的好奇心，自然能够让学习者的注意力集中在课堂上。

☆"啊哈"——有趣的问题

著名的认知教育心理学家奥苏贝尔（Devid. P. Ausubel），在其教学理论中提出"先行组织者"这一概念，即奥苏贝尔主张。该主张向学习者提供一种他们比较熟悉，同时又高度概括性地包含了正式学习材料中的关键内容的材料，这些材料的内容在抽象、概括水平上普遍高于新知识，并且能清晰地与认知结构中原有的观念和新的学习任务关联。这些在正式学习之前引进的内容，充当着联系新旧知识的桥梁作用，被称为"先行组织者"（advance organizer）。

“先行组织者”能使学习者根据先前的经验抽出已经形成的认知结构，并将其同当前的学习材料形成有机的联系，从而将学习内容的本质部分渗透进已有的认知结构中去，舍弃非本质的内容。

在传统教学中对先行组织者的使用并不少见，比如教师在开始一个单元的教学前，会向学习者介绍一些背景知识；或者在学习一个数学公式前会从实际问题出发，逐步总结出新公式等。在传统教学中呈现的“组织者”往往是以文本的形式呈现，如果我们要应用到网络教学中，教师可以将一个有趣的问题或者相关音频作为本节课的“先行组织者”，既能够帮助学习者回忆已学知识，又能激发学习者对新知识的兴趣。

因此，问题的设置就至关重要。当然，如果设置的问题可以简单地在百度上搜索到，那就没有问的必要了。教师提出的问题，需要学习者能够解释或者应用到所学到的知识，而不是仅仅回忆学过的内容。在网络普及的今天，尤其是在网络学习的背景下，单纯的回忆性问题对于学习者的意义是很小的。

☆ 提供线索

我们在生活中很容易被一些引人注目的“标题”所吸引，即使是关于某些我们不太关注的事情，也能让我们不由自主地点击链接。

而这些标题之所以能够吸引我们，是因为它们总会精心地留下一些线索，很可能让我们不经意联想起过去的某些问题，这种突然产生的好奇心足以使我们浪费几分钟的时间去弄清楚（尽管很多时候我们什么都没学到）。

因此，对于正式的网络课堂，教师也可以利用一些精心设计的线索提醒学习者，以最初的问题为引，围绕相关线索，带领学习者抽丝剥茧，引导学习者一步步独立地解决课堂开始时设置的问题。这样不仅能够让学习者参与到教学过程中去，还能让学习者对教学内容有更深刻的理解。

☆ “点到为止”减少帮助

美国学者丹·迈耶（Dan Meyer）提出自己的教学理念为“尽量减少帮助”，而 Julie Dirksen 在 *Design For How People Learn* 一书中提到，在教学过程中，问题过于完整其实是对学习者的损害。在问题里只提供少量的信息，可以鼓励学习者自己填补空白，掌握学习的策略，解决突发问题，而不仅仅只是学习如何在一个公式中插入数字。

因此，教师要鼓励学习者独立地解决学习过程中遇到的问题，问题的出现往往代表学习者的新旧知识之间出现了冲突，而这种认知冲突正是学习者的原有概念发生转变的关键。

四、合作学习

在心理学中有一个广泛的概念叫作社会认知，意指人们会根据环境中的社会信息去理解和思考他人并形成对他人或事物的推论，即人们的行为是对环境中的各种信息做出各种判断的结果，这也是为什么人的本质是社会性动物，很容易受到其他人的影响。因此，在网络教学中，吸引学习者注意力的一种方法就是为学习者创造一种社交感，当学习者感到其他同学的存在时，能投入更多的注意[5]。

有研究者曾经做过一项实验，在网络教学过程中，一组学习者可以看到其他学习者的评论或表情符号等并进行互动，另一组只是单纯地听教师讲课，没有与其他同学交流，哪一组会更投入呢？

合作学习网络课堂

结果表明，当学习者能够与其他学习者交互时，他们会更加投入课堂，学习效果也更好[6]。在这个实验中，研究者操纵的变量正是我们所说的社交感，即当有其他人参与时，学习者会更加专注。

类似地，著名教育学家维果茨基（Lev. Vygotsky）认为：知识的建构不仅需要学习者个体与环境的相互作用，还需要通过学习共同体的合作互动来完成。在传统教学中，教师是学习的主导者，是所有知识信息的唯一来源，但在网络教学中，学习者在不同的学习环境中可能携带大量的知识和经验，因此将学习的主体转移给学习者能提高教学的效率，其途径之一就是进行有效的合作学习[7]。

学习小组的组织与建设。分组学习是传统教学中十分常见的一种教学方式，在网络教学中同样适用。但由于在网络课程中，每个学习者的先验知识和经验不同，学习者和教师之间不够熟悉，因此，如何分组就至关重要了。

一般来说，我们遵守的原则是“组内异质，组间同质”，即分组要综合考虑学习者的成绩、性别、性格、对知识掌握水平等，这样可以使组内具有更多的合作性思维，更多信息的输入和输出，便于学习者多方位、多角度地看待问题。而由此产生的组间同质，为全班各组间的公平竞争创造了条件，使所有学习者能在竞争中最大限度地发挥自身的潜力。

增加凝聚力。在传统教学中，教师往往会通过要求学习者设置小组名或者设计小组标的方式，增强小组的凝聚力。在网络教学中，这种方式同样是有效的，学习者可以进一步利用各种软件设计自己的小组形象，可以是人、动物或其他形象，这种小组拟人化的方式不仅可以增强小组的凝聚力，创造一个宽松、乐于交流的氛围，还能够增强学习者的积极性。

角色分工。约翰逊（David W. Johuson）和斯莱文（Robert E. Slavin）提出，合作学习的两个原则为相互依赖和个人责任。因此，教师在引导学习者合作时要强调小组目标和个人目标的关系。比如，教师规定团体会根据每个成员的表现获得积分，而个人会根据团体的排名获得奖励，但是对于小学或初中学习者，他们正处于自我意识发展的时期，团队意识并不强，很容易出现相互排斥、相互指责的现象，因此教师一定要明确规则的重要性，强调互帮互助、相互尊重的原则，让学习小组真正成为一个团队。同时，每个学习者都有责任为小组工作做出贡献，可以进行分工合作。比如小组可以设置小组长、记录员、监督员、统计员、观察员等。

保持小组活力。教师要保持学习小组的稳定和完整，使学习者能充分地融入团体中。但在经过一段时间后，小组内部的同质性会不断增加，异质性则相对减少，因此，为了保证组间竞争的公平性，防止各组之间差距过大而打击学习者的积极性，也为了避免班级内部产生小群体，教师需要定期重新组建合作学习小组。

与传统学习不同的是，网络环境中，没有时空的限制，学习者之间的合作交流变得十分简便，通过这种方式可以保持学习者合作学习的活力；同时，学习者还能学会同更多人交往与合作，这也有利于他们学会和那些自己“不太喜欢”的人相处。

尽管有研究证明，合作学习与网络学习的结合能够显著提高学习者的学习成绩，但同样有研究表明，教师很少去利用合作学习的形式开展教学，并且合作学习在大学教学中的应用很少。在网络学习如此普遍的今天，这是值得我们去尝试的。

本章小结

本章从课程的各要素来介绍了如何进行在线教学课程的设计。

首先从在线课程和传统课程的差异出发来考虑在线课程的设计。

其次，我们介绍了如何确定在线教学的对象与目标及其特点，以及根据不同的对象进行个性化教学。此外，要根据课程的类型，即科目中心、学习者中心还是问题解决中心来设计课程内容。

最后介绍了如何在网络教学过程中博得学习者的眼球，使学习者真正专注于课堂。通过奖励强化、制造“冲突”、合作学习等来吸引学习者的注意力。不过，教师要结合自身的情况，因势利导，选择适合自己的教学策略。

参考资料

[1] 赵炬明，高筱卉．关于实施“以学生为中心”的本科教学改革的思考 [J]．中国高教研究，2017 (08) 36−40.

[2] Adam, Kirsten C. S., & deBettencourt, Megan T. Fluctuations of Attention and Working Memory[J]. Journal of Cognition, 2019, 2(1): 1–4.

[3] Shiffrin, Schneider, R. M., & Walter. Controlled and automatic human information processing: ii. perceptual learning, automatic attending and a general theory[J]. Psychological Review, 1977, 84(2): 127–190.

[4] 刘耀中，唐志文，叶海英．预期背离下奖励与惩罚的ERPS研究 [J]．心理科学，2012, 035 (004)：806−810.

[5] Abramczyk, A. S. Cooperative learning as an evidence-based teaching strategy: what teachers know, believe, and how they use it[J]. Journal of Education for Teaching: International Research and Pedagogy, 2020, 46(3): 296–308.

[6] Andel, S. A., Vreede, T. D., Spector, P. E., Pad Ma Nabhan, B., & Vreede, G. Do social features help in video-centric online learning platforms? a presence perspective[J]. Computers in Human Behavior, 2020, 113(17): 106505. 1–106505.8.

[7] Fernandez-Rio, J., Cecchini, J. A., Meendez-Gimenez, A., Mendez-Alonso, D., & Prieto, J. A. Self-Regulation, Cooperative Learning, and Academic Self-Efficacy: Interactions to Prevent School Failure[J]. Frontiers in Psychology, 2017, 8(22): 1–10.

第四章
在线教学管理

当一门课程设计好之后，它已经完成了一大半。但“行百里者半九十”，伴随着教学过程的教学管理是实现良好在线教学效果的重要辅助。因此，本章将从课堂上的教学交互、教师监督、师生交流以及教师反馈这几方面，来介绍“如何进行在线教学管理”。

第一节　教学交互

一、教学交互是什么？

课堂互动不是简单的教学程序，而是通过有意义的互动，达到信息交流、感情沟通、能力培养和人格塑造的目的。它是一种重要的（语言）交际活动，涉及学习者的学习动机、效能感、兴趣和情感等方面。在互动过程中，学习者不断地建构知识、提高技能、活跃思维、展现个性和开阔视野。

建构主义学习理论有三个主要的基本观点。

学习是一种意义建构的过程。人们对事物的理解与自身的认识结构有关，学习者在学习新知识的时候，是通过自身的经验理解、内化新知识，这里的知识获得是学习者自身与外部环境交互作用的结果。

学习是一种不断修正的活动。每个学习者对现实世界都有着自己的经验解释，并且和实际的真实世界存在差异。由于个体的经验不同，也使得解释各有不同。通过不同解释的“碰撞”，个体在此过程中获得新的信息，对原有认知进行修正，变得与真实世界无限接近。

学习是一种真实的情境体验。学习的目的是为了学以致用，解决现实问题。

☆ 学习内容留存率

学习内容留存率图表明，有互动的学习方式是高效率的学习方式。

学习金字塔

学习效率按照主被动方式分为两部分，其中被动学习的学习留存度偏低，主要是听讲、阅读、视听，这些都是单向输入型学习；另一种是主动学习，学习留存度偏高，主要方式是讨论、实践、教授他人，而这些显然是双向互动型。可以看到，互动能够有效地提高学习效率。

二、教学交互有哪些？

☆ 生生互动

生生互动，即学生之间的互动，主要有竞争与合作两种形态。合作基于积极的相互依赖，竞争基于消极的相互依赖。从合作的经验中，个体可以获得更强的社交能力与心理调适能力。通过竞争，学习者可以相互促进，取长补短。

比如在课堂讨论区中，大家对同一问题或者主题的意见表达与讨论，使得学习者可以更多面地去理解问题，对自己的看法进行反思。目前网络课堂的学习者讨论很多时候都是文字形式的，将自己要表达的内容文字化，会使得自己的意见更具有逻辑性；并且在线讨论对内容表达的准确性也有所考验，如若词不达意，其他人无法正确接收，就会因为无法进行顺畅的交流而有消极的结果和消极的体验；最后对外展示出自己的观点之后，会得到他人的反馈，学习者要对反馈信息进行准确的理解，然后重新对所有信息进行融合再创造，得出新的观点后再次向对方表达，进行下一轮的循环，使得对问题的思考有着螺旋上升的深刻理解。

☆ 群体互动

群体互动，即班级中一个群体与另外一个群体之间的互动。最常见的就是对一个观点有两种对立的态度时，让两方支持者进行辩论式的讨论，与上面的个体对个体有着异曲同工之妙。但是还有着团队合作的另一番体验，对培养学习者的团体合作意识很有好处。

☆ 师生互动

师生互动，在国内传统教学中，大部分情况是“教师问—学生答”，很少有“学生问—教师答”或“学生问—学习者答”，它们更像是单向输出的一种低教学效果的互动（这种情境下，多以教师为主导地位，学习者其实更多的处于被动地位）。

但实际上，“提问”是激发学习者思维、进行启发式教学的重要手段。这种课堂教学中的师生互动实际上更像是师生双方以自我概念来理解对方的一种交流与沟通的方式。

三、如何互动?

师生互动在三种互动中起主要的决定性作用，良好的师生互动可以促进生生互动和群体互动。其中，教师是教学活动的组织者与管理者，学习者是主体与参与者。所以教师对于课堂氛围的营造有着重要的意义，也意味着对教师有着多方面的要求。

☆ 对教师的要求

由于空间上的差异，网络课程会使得教师无法真正地对学习者的学习状态实施管控。在教室内的 45 分钟教学中，学习者会习惯性地遵守课堂纪律，不会随意讲话，不会随意有大的动作（如随意起立或者走动等），会有一定程度的服从和跟随。

当我们将课堂搬到虚拟世界中后，环境的改变会导致环境规则被打破和重建。当没有了教师和同学的在场陪伴时，学习者对于规则的遵守意识就会有所降低；当教师和同学不在同一空间时，教师如何约束学习者遵守课堂纪律，跟随课堂进度呢？

构建良好的师生关系，营造适合的氛围，给予及时的积极反馈有利于促进积极的师生互动。当教师可以与学习者构建良好的关系时，学习者会愿意向教师表达自己的想法，与教师沟通对问题的理解；当教师营造出/创造出合适的氛围时，学习者会愿意在课堂中展示自我，发表意见；当课堂出现了良性互动时，教师要根据一定的评价机制对参与互动的对象给予积极的反馈，这种反馈不仅让学习者有了积极的学习、互动体验，同时也强化了这种互动行为，后续也能提升学习者的学习动机，学习效能感等。

· 积极的期望

教师期望能够使学习者产生自我效能感，从而积极地参与课堂的学习，促进师生的良好互动。教师对学习者抱有乐观的态度时，会通过直接或间接的方式及时地鼓励学习者。比如，给予更多的视线接触，更多的微笑和友好表示；而对学习者抱有悲观态度的教师，在课堂上则较少发出支持性的非言语信息，相反则会经常批评、指责学习者。

教师对于学习者来说扮演着重要的角色，他们对学习者的评价和态度（包括赞扬、批评、友好、疏远等）是学习者认识自我的一面镜子，为其自我评价和自我体验提供了基本线索。所以教师首先要做的（线下课堂其实也一样），就是要对学习者建立积极的教师期望。

· 营造适合的氛围

教师要做氛围的营造者而非控制者。想学习者有更多的主动，就需要让他们有更多的掌控感，把课堂的控制权还与他们，这可以通过以更多的开放式问题做引导，与学习者“一起讨论”出结论，“一起推导”出过程等方式来实现。更多的积极聆听，给予学习者展示的机会，并给予积极反馈，为发言者的积极体验把好最后一道关。当然不适合的发言和偏离主题的内容，需要教师进行修正。

一堂课，除了互动还有着其他的部分。虽然互动对教学效果有着重要的影响，但是也要注意平衡教师教学的存在感，不然就是一场辩论赛而非学习的课堂。给予想要参与的学习者展示的机会，也要让他们有一定的知识输入，以构建对知识理解的基础。课堂中的“教”也有存在的必要。

要营造活跃、宽松、平等的课堂氛围，在这种气氛中让学习者获得知识，培养思辨和表达等能力。同时，这种氛围也使得学习者的情感得到激发、内化乃至升华。比如，可以从语言上，以第一、第二视角表达来促进氛围的营造（如，“我认为”“我们都这么理解这个知识点”）。

· 夸大的输出

由于网络环境下无法掌控的因素很多，所以对于控场人（教师）的手势、目光、表情、语音、语调、语速和语言表达有更高的要求。视频的方式让教学效果大打折扣，线上教学可能要花费线下120%的输出才可能达到线下80%的教学效果，所以在网络情境下需要加强情绪和内容的表达。例如，对于要重点强调的地方需要通过比线下更大的声音强弱差异来进行区分，并且借助点头等动作加以辅助以保持学习者注意力的集中。要知道在线上课堂中，即使是微小的动作也可以通过网络摄像头的放大来抓住网络另一端的对象的注意力，所以在线教学者要时刻注意管理自己的表情。

此外，需要多次重复的重要信息在线上课堂中也需要次数更多的重复、强调，以达到与线下同等的强调效果。并且需要用简单、直接、生活化的话语，更具体、更清晰的词汇进行表达，帮助学习者理解教师想要传递的信息。

· 具体的对象

在互动中，注意轮换交替，兼顾和平衡互动双方的存在感。当遇到与某一个具体对象进行互动时，建议要叫对方的名字，因为当面对面的时候，眼光可以被很好地识别，但是网络媒介降低了这种效果，所以需要强调其他方面来辅助弥补。

第二节　教学监督

一、影响学习者“坚持”的因素是什么？

随着互联网络的普及，在线教育的发展趋势不可阻挡，却也面临着严峻的考验，“高注册率 + 低完成率”似乎变成了网络学习课程的“标签”。数据显示，以 MOOC 为代表的在线教育平台中只有 5%~10% 的学习者最终完成课程并通过考核[1]。大量的学习者总是兴致高昂地加入某些网络课程，几节课之后便神秘消失，最后一去不复返。究竟是什么原因导致了这些“网络辍学”现象的发生，又是什么原因帮助学习者坚持下去呢？

讨论这些问题之前，我们先了解下学者们是如何解释学业中的拖延行为的。

一方面，学业拖延行为与学习者人格特质密切相关。尽责性低[2]、自我效能感低[3]、自我控制能力低[4]的学习者更易出现学业拖延的问题。对于这些学习者来说，学业拖延变成稳定的问题行为模式，甚至可能演变为拖延症[5]。

而那些具有完美主义倾向的学习者也遭遇迟迟无法开始学习的状况，因为他们在完成学业任务时常感受到批判性的自我评估，导致他们容易陷入不良的情绪，放弃对于学业任务自身的专注[6]。

除此之外，学习者的自我控制能力与冲动性也是引起拖延行为的主要原因。自我控制能够帮助学习者完成长远的目标，抵制学习过程中外界诱惑的干扰[7]，而冲动性令学习者缺乏耐心，无法抗拒即时满足的需求，从而导致学业拖延[8]。

另一方面，学业任务的特征也影响着学习者是否能顺利完成学习计划。具体表现为学习者如何看待学习任务以及任务奖励的时间延迟。

其一，学习者越讨厌某项学习任务，就越不愿意开始[9]。但是如果这项任务对于学习者来说特别重要又很紧急时，学习者还是会着手完成它。例如，绝大多数的学习者还是能够按时提交自己的毕业论文的。学习任务的重要性、紧急程度与学习者对任务的喜好程度，影响着学习者完成学习计划的主动性，从而可能导致拖延行为的产生[10]。

其二，如果学习任务的奖励越延迟，学习者也越容易拖延[11]。行为主义强调，人类的行为可以通过该行为后给予奖励或者惩罚的反馈来加以强化，当任务的奖励越具有吸引力时，个体也越有可能开始执行任务。

但是，学习是一件需要持续努力才能得到奖励的事情，基于学习任务的奖励往往存在着时间延迟，容易产生延迟折扣效应。

所谓延迟折扣效应，是指个体当前对于未来奖励所持的主观价值感随着时间的延长而降低的现象，换句话说，也就是人们认为行动所带来的奖励来得越晚，感觉得到的奖励价值就越低[12]。所以为了长远利益或者目标而坚持学习对于有些人来说比较困难，他们更加倾向于完成获得小而即时奖赏的任务[13]。

延迟折扣的现象也解释了为什么有些人习惯于拖延到任务要求的临界点进而高效地完成任务，正如时间动机理论强调个体的任务执行意愿会随着奖赏日期的临近而上升，“临时抱佛脚”的行为可能不仅是为了回避惩罚，也可能是因为马上得到奖励而猛增的行动意愿[14]。

因此，个人特质与学习的任务特征是影响学习者是否坚持完成学业任务的重要因素。

与此同时研究者还发现，缺乏社会支持的网络学习环境会导致更多的拖延行为。相较于传统的学习任务，学习者在网络学习中坚持或者放弃的原因更加复杂。因为线下学习的环境一般都是相似的，而线上学习的环境呈现多样化，学习的时间、地点、工具设备、学习时周遭的环境以及情绪状态等均有不同。这也导致了网络学习的环境对不同学习者的影响有可能是积极的，也有可能是消极的。

网络学习的特点是开放性与自主性，这意味着学习者可以按照自己的需求与能力挑选有趣的学习课程，也可以按照个人时间管理安排学习进度，但是这些特点也导致了网络学习对学习者的自我控制和自我管理能力的要求变得更高。

根据素质—应激模型的解释，某些个体由于自身的“脆弱性”因素，对消极的环境更加敏感，也更容易被环境中的不利因素所影响而表现出消极的行为结果[15]。因此，那些本身带有拖延特质的学习者可能在传统教育课程中还能够跟其他孩子一样保持正常的学习进程，但是进入网络学习环境后，开始暴露出学习拖延的问题[16]。

已有大量研究证实，网络世界会给人们带来孤独感[17]。传统的教育课程中学生与同学真实地坐在一起跟随教师进行学习任务，而在网络学习里教师与同学的具体形象淡化，人与人之间的连接演变成为人与字符之间的互动。如果线下课堂是很多人一起坐在教室里听教师上课，那么线上课堂的环境容易被联想成为独自坐在密闭小房间里。学习过程中的社会支持系统，如教师和同学在网络学习中被弱化，这就加剧了学习者在学习过程中感受到的孤独感与无助感[18]，不良的情绪体验导致对学习任务的排斥，进而不愿意完成学习任务。

二、面对学习者拖延该怎么办?

基于以上的影响因素，为了提高学习者的学习完成率和减少拖延的行为，我们可以采取以下三种策略。

☆ 策略一　帮助学习者制订“if-then”实施意向计划

大部分拖延行为的学习者都曾经试图采用制订学习计划的方法来对抗自己的“拖延症”，可是结果往往是“计划永远赶不上变化”。那么我们采用制订计划的方法真的能够有效地帮助学习者减少拖延行为吗?

答案是肯定的，但挑战在于这个学习计划的具体可实施性。

计划行为理论认为，增强人们的行为意向（目标达成的动机）能够显著地降低拖延程度。也就是说，当人们越希望完成某个任务，动机越强的时候，拖延的可能性就越低[19]。而在现实生活中我们发现，人们之所以无法完成预计目标，也并不是缺乏目标达成的动机。例如，在面对重要的学习任务如考试或毕业论文时，学习者即使有着强烈的达成动机，也仍旧存在严重的拖延行为。因此，有学者在计划行为理论的基础上加入“实施意向”这一变量，结果发现实施意向比传统的行为意向能够对拖延行为进行更有效的干预[20]。

实施意向是指目标达成的具体行动倾向，即人们为了实现目标所制订的具体行动计划，包括 when（何时）、where（何地）、how（采用何种方式），并且以采用 If–then（如果某个情境 A 出现，那么我就实施行动 B）的结构表现出来。

这里举一个简单的例子来理解什么是实施意向计划。

当我们希望读完某本书时，如何采用增强实施意向的方法阻止拖延呢？

我们可以在读书前制订具体的计划：每天晚上 10 点钟（when）躺在床上（where）拿起纸质书看半个小时（how），这个计划的要点是，只要到了晚上 10 点，那么马上躺在床上开始看书（if–then）。

同样地，在课程开始前教师可以邀请学习者做“if–then”实施意向计划。这个实施意向的计划包括：“预计何时开始学习？”“预计何时完成学习？”“预计花费的时间？”“打算如何完成？”“可能会遇到哪些困难或干扰？”以及“计划如何解决可能出现的困难或干扰”。学习者根据自身的情况制订完成学习的具体实施计划，能够有效地帮助他们坚持完成网络课程，减少拖延情况发生。

主要的原因归纳为三个方面。

首先，制订实施意向计划让学习者对于情境线索更加敏感[21]。

网络课程的学习并不是一个及时完成的任务，而是需要在某一段时间持续努力的过程，因此，记住自己的计划是非常重要的。有研究表明，拖延行为产生的主要原因之一是人们经常忘记开始行动[22]。而制订“if-then”计划，可以帮助学习者记住自己的预定目标与计划。比如说，某些学习者确定了每天晚上8点开始进行网络课程学习，到了晚上8点，他们相较于那些没有明确学习时间的学习者更容易记起自己的学习任务。

其次，实施意向计划增强了情境线索与实际行为之间的联结。

当情境线索与行为反应之间的联结越强烈，其他无关的中间过程对我们的行为产生阻碍的可能性越小。因此，一旦情境线索出现，学习者可以马上启动目标导向的行为，减少中间过程过多认知或情绪带来的行为阻碍[23]。如果学习者能够提前安排每次学习的具体课程，那么当打开课程页面时能够直接点击进去，而不是花时间思考判断应该先点开哪一个比较好。

最后，制订“if-then”计划可以帮助学习者抵制外界诱惑，有效地屏蔽分心诱因的干扰。

在课程开始前预估可能遇到的困难以及对于这些困难预设解决方案能够减少开始行动的阻力，也能够提高在学习过程中坚持下去的能力。在现实学习情境里，学习者很容易被学习之外更加有趣的活动所吸引，如玩网络游戏、刷刷抖音之类，但是在当下想办法克制自己往往很难成功，因此需要提前找到解决方案，形成 if-then 的强联结，以便很快把注意力从干扰问题转向学习进度中。

不过值得注意的是，每个学习者自身的特点不同，阻碍任务完成的来源也各不相同，所以只有学习者自己想出的解决方案才是有效的。比如，对于学习干扰来源于“一学习就开始想玩网络游戏”的学习者，有些人认为选择删除游戏是一个很好的办法，因为每当自己不想学习打算玩游戏时，发现等待游戏安装过程时间过长也就作罢；而另一些人只要不学习，等待时间再长也愿意，他们可能更加适合其他的解决方案。

不管如何，可以肯定的是学习者制订“if-then”计划能够帮助其摆脱阻碍学习行为的诱惑，甚至有实证研究表明，分心物的干扰程度越高，“if-then”计划的干预效果越显著[24]。

☆ 策略二　采用小而具体的任务减少奖励的时间延迟

大部分线上教学提供的奖励机制集中在最后的结业证书，也就是说，学习者只有完成 / 看完教学视频、完成作业以及最后考核后才能得到这段时间努力的反馈。

如同前面讨论的干扰原因，这种远期奖励的主观价值感会随着时间的拉长而降低，即使学习者自身希望得到最后的结业证书，但由于中间的学习时间实在漫长，导致无法坚持下去。因此，在网络学习的过程及时给予学习反馈是非常重要的。

我们可以回想一下为什么网络游戏有着强大的吸引力。

假设个体 / 玩家有 1 个小时上网时间，那么：

个体 / 玩家 A 选择打开网络课程，点击学习材料，做好笔记，然后打开作业，得到 90 分，结束。

个体 / 玩家 B 选择玩网络游戏，首先签到，领取签到奖励，然后开始做任务，结束后得到报酬，还可以看看自己现在排名如何，用已得报酬与其他用户或系统换取想要的装备等。

把个体 / 玩家的活动进行对比，我们可以发现个体 / 玩家 A 只有一次简单的行为—反馈的互动，甚至可能由于作业结果不理想而得到负面的反馈（惩罚）；而个体 / 玩家 B 进入游戏系统就获得一系列行为—反馈的互动，并且游戏的奖励系统保障了玩家即使任务失败也能在这 1 小时里获得积极正向的反馈。

大量研究证明，网络游戏有着强大的吸引力是因为网络游戏环境可以给人们持续提供愉快的内在奖励，如快乐感、兴奋感和激励感 [25]。这些内在奖励激发行为冲动系统，让人们自发地、即时地以及冲动地处在想要玩网络游戏的状态 [26]。

因此，我们可以通过网络学习的任务设置增强学习者在学习过程的即时正向反馈。例如，可以把作业拆解为多种小而具体的任务。根据解释水平理论，人们认为小而即时的奖赏更加具体，大而延迟的奖赏更加抽象，延迟折扣效应导致小而即时奖赏的具体化解释，比大而延迟奖赏的抽象化解释更具吸引力。

因此，为了减少学习者的拖延行为，增加网络学习的吸引力，任务的设置尤为重要。利用任务设置让学习者在学习环境中也体会到各种各样的互动，给予即时反馈，并且保障正面积极的体验且避免消极的感受，这样能够让学习者对网络学习这件事也能有“冲动”。

☆ 策略三　强调教师监督与同伴互动找回集体归属感

如何让“孤独”的网络学习者不再感受孤独？这也是很多线上学习平台努力的方向。作为网络课程的教师，可以做的是增强自身带领者的形象与提高学习者之间的互动，也就是说，让网络学习者在网络课程中感受到回到班集体，整个过程里有教师和同学的存在。

一方面，教师的角色是指导者与监督者，但是相较于线下课堂，网络课堂对于教师的投入形象有着更高的要求。无论是在课堂上与学习者的互动，还是课后在网络平台里帮助学习者答疑讲解，这些都要求教师加以重视。我们可以采用网络教学中的可视化数据来突出自己的教师身份，例如，教师在平台上讲解与答疑可以置顶或者标红，也可以设置专门的互动时间集中讨论学习中的疑点与难点，然后在课堂或者学习者的数据中凸显出来，以提高教师在课程中的存在感。教师也可以利用可视化的数据监督网络课程的效果，如统计每周或每月的考勤或任务完成情况，并通知到学习者。教师与学习者之间的互动除了为学习者提供知识上的帮助，更重要的是，让学习者感受到“有人在看我”。

著名心理学家马斯洛提出的需求层次理论中指出，每个人都

渴望被看到，源于人类对于归属感的基本需求[27]。因此，有学者建议在网络学习课程中建立一个实名制体系[28]。一方面，实名制提供与线下相似的交往方式，能够一定程度提高人们的归属感。另一方面，由于网络空间的匿名性减少了人们的尽责性[29]，而实名制能够帮助学习者在网络学习过程更加努力，也不易随意放弃课程，能够大大提高网络课程的完成率。但是基于网络信息安全的考虑，教师若采用实名制体系，则需要在安全与保密原则下进行。

另一方面，同伴的存在感基于互动。为了让学习者在网络学习环境中感受到归属感，可以尽量设计一些学习者之间的互动。有研究针对网络教学中的学习共同体成员互动进行分析后发现[30]:

文字互动对于学习者而言，参与范围要广，但是互动强度较弱。

多人语音与同步视频在互动效率上比文字互动要高，强度也高于文字互动，但是给学习者思考的空间较窄。

同步视频互动不仅可以包括语言信息，还包括动作等非语音信息，互动效率和强度都高。因此，课程设置中可以设计能够促使成员间同步视频互动的任务。

第三节　师生交流

在对接下来的内容展开叙述之前，我们首先需要对本节以及

“教学交互”一节的内容进行区分。在“教学交互”一节中，我们强调了教师与学习者，以及学习者与学习者在课堂上进行交互的重要性，以及如何去提高学习者在在线学习中的社会临场感。

互动：一问一答

而在本节内容中，我们将不仅局限于对课堂内的交流情况进行阐述，更为重要的是在课堂之外，教师又能做些什么来帮助学习者更好地完成线上学习。

交流：表情、语言、肢体、眼神多通道互动，更多情感线索

与面对面的实体教学不同，在线教学中，师生难以做到实时的沟通和交流。小班教学的直播课堂提供了渠道，允许教师与学习者通过开语音、视频等方式完成互动，然而像大型直播课堂、录播课堂等方式，师生之间的交流多是通过类似弹幕、讨论区等功能来实现的，而这就带给了教师新的挑战——如何利用好弹幕、讨论区等功能，实现与学习者的高效交流？在解决这个问题之前，

我们先要明确以下方面的内容。

一、为什么师生交流如此重要?

在“教学交互”一节中我们曾强调，教学并不是单纯的教师教学过程或者学习者的学习过程，而是由“教”与“学”这两种独立活动构成的总体性活动。想要让这两种活动达到有效的同步，师生之间信息、观点和反馈的分享必不可少。教师若能与学习者达成有效的交流，则有益于教师对课堂教学的调整，进而促进学习者的学习，这就是师生交流的重要性。

师生交流并不是简单的教师在讲台上提问，学习者在讲台下回答；亦有别于交谈等更加随意的课堂讨论。笔者认为，课堂之上的师生交流，是为了让教师从学习者的语言、表情、肢体动作中得到对教学的反馈，进而对接下来的教学作出调整。

这是针对线下课堂师生交流的一个理解，但开展过线上教学的教师——无论是录播方式或是直播方式，都会发现像面对面课堂这样能够即时得到的反馈在在线教学中难以实现。教师在直播的过程中，没有办法要求所有参课的学习者打开摄像头，即使小班课堂里能够实现，教师也很难在屏幕上那么小的一块区域里观察到所有的学习者。而在录播课程里，教师与学习者唯一可用来交流的场所仅仅剩下课堂的讨论区模块。因此，在线上教学中，师生之间的交流多是以一种“提问—回答”的方式在进行，即学习者提问，教师答疑。

二、直播教学中的问答

哪怕自己没有上过直播课，相信大家或多或少也接触过直播教学。我们注意到，在参加直播教学或者直播讲座时，教师在教授完自己的课程之后，会特意留下 10 ~ 15 分钟的时间来进行答疑。在更加正式的直播里，通常会有幕后工作人员对提问进行筛选，再由主持人代替提问人问出，但是这样的一种方式更加适用于讲座，并且教师在完成自己的教授任务时，并不可能像有机构支持的讲座那样，有专人来负责直播的流程——也就是说，教师们在进行教学时，需要独自关注学习者提出的问题并给予解答。

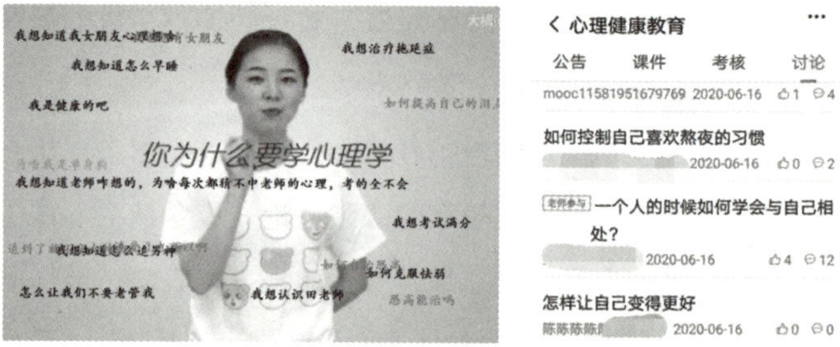

如何实现网络师生互动

在直播教学这个情境中，有的学习者习惯一想到问题就立马提出自己的疑问，而另一些学习者则习惯在所有教学内容完成后再开始提问。同样，教师在面对学习者的提问时，同样可以选择是实时关注学习者提的问题，并及时予以解答，还是先完成教学，再集中对问题进行解答。

在正式进行直播教学时，相信部分教师会在课程开始前强调“过程中有任何问题可以随时打断提出”，然而由于部分直播平台的低媒体自然度（媒介两端进行交流时的自然程度，其标准包括：是否在同一空间，是否达到同步水平，识别和传达肢体、面部等非言语信息的可能性等），学习者开语音功能打断教师授课进行提问，这一现象似乎非常少见（在实体教学中，这样的现象同样不常见）。

不过，实时弹幕的存在能够增加学习者参与课堂提问的频率。

☆ 实时弹幕与聊天

弹幕，一般而言指的是在观看视频时弹出的评论性字幕，最早的弹幕视频以动漫为主，但随着这一评论方式的普及，目前弹幕的应用十分广泛。弹幕的出现允许视频观看者实时地对观看内容发表自己的评论。那么应用在网络教学中（尤其是在针对小班的直播教学里），即允许学习者能够在课程当中的任意时段及时地发表自己的观点或问题，同时无须打断教师的教学，这在一定程度上，能够缓解学习者对打断教学的尴尬与不适感。

弹幕的应用给予学习者自由发言的空间，但它同样也存在着一些问题。譬如，教师没有及时关注到学习者发出的弹幕，或者教学中某一时段发布的弹幕太多，教师应接不暇。那么，如果是在小班直播教学中，由于教师面对的都是在课堂下熟悉的同学们，因此教师可以提前指定一名课代表，用以记录同学们提出的问题，方便下课前总结时回答。此外，在一节 45 分钟左右的课程中，出现大规模弹幕的概率极小，如果出现了令人应接不暇的“弹幕流”，教师可以快速从学习者的反馈中提取问题的重点，因为学习者提出的问题，一般存在着共同之处。依据经验，大规模弹幕流出现的时刻，往往是在直播出现网络延迟、视频中断、掉线离线等网络或设备问题的时候。

目前国内的多数教学平台并没有提供弹幕服务，毕竟大量的弹幕容易分散学习者的注意力，造成认知负荷，因而教学弹幕大多出现在主题纷杂的视频网站或直播平台中。但是，不提供弹幕“服务”的教学平台却往往会提供允许学习者进行文字交流的聊天功能，即在呈现直播内容的主屏幕下方或右侧方呈现一个聊天框。聊天框的存在同样能够起到弹幕的作用，即允许学习者随时以文字的形式将自己的问题提出，甚至有些聊天框同样提供了匿名发言的功能。

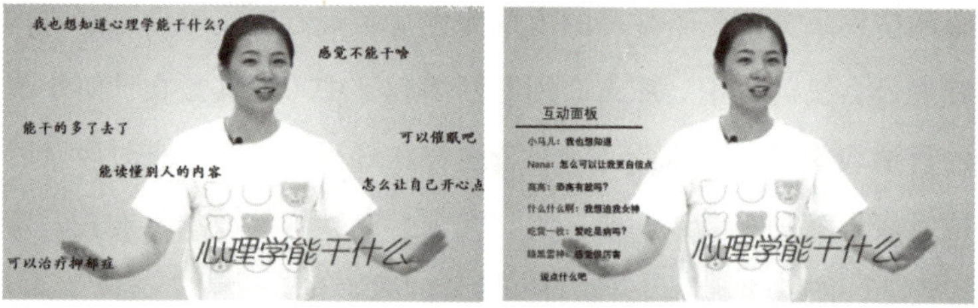

弹幕与聊天的功能界面

三、录播课堂中的交流

网络录播课程

除了用直播的方式进行教学，录播也是当前常见的网络教学形式。如中国大学 MOOC、学堂在线等平台提供的课程，多是以这样的一种形式呈现。由于录播课程是授课教师提前录制好的视频，因此，这样的一种课堂便没有办法如直播那样通过实时的弹幕建立起教师与学习者之间的交流沟通。但是，讨论区的出现为师生交流、生生交流提供了渠道。

☆ 讨论区

讨论区的出现，提供了方便师生之间进行课后交流的区域。它允许教师或者学习者发布与课程内容相关的帖子，也允许所有进入讨论区的人回复发布的帖子。

讨论区的功能远不止于此。在中国大学 MOOC 等平台上，讨论区的存在不仅在于搭建教师与学习者之间交流的桥梁，同样在于鼓励学习者之间相互回复学习、建立学习兴趣小组。不同个体之间通过文字进行交流，因此与其说讨论区是用以讨论的板块，不如说它是一个互动社区。

数量庞大、背景各异的学习者们可以通过回复解决同伴提出的问题，增进自己对知识的认识和理解；也可以通过提问来邀请他人解决自己的问题，突破自己百思不得其解的瓶颈；还可以潜伏在交互社区中，通过浏览大家的讨论帖，打开自己的思路，在观点的碰撞间产生思考的火花。

这种学习者与同伴之间的互动我们称之为社会性互动。不少研究表明，社会性互动对学习者的学习效果有着良好的影响，并且从学习者的角度来看，社会性互动能够增强学习者的社会临场感，提高学习者的学习积极性，优化学习者的学习效果，最终这些积极影响都能够在课程完成率、学

课程专设的讨论区

业成绩、学习表现等方面体现出来。

而对于教师而言，讨论区的开放性使得学习者发布的帖子主题五花八门，在中国大学 MOOC 的讨论区，除开学习者对课程内容进行提问和发言之外，我们同样可以看见他们对课程形式、教学方式等方面提出的建议，而其中的某些建议是教师能够考虑采纳的。即使教师缺少时间和精力去一一回复讨论区中的发帖，教师同样可以定时浏览讨论区中的留言及讨论，鼓励那些对他们提问进行回复的学习者，促进讨论区这一“互动社区”更为良性地发展。

☆ QQ 与微信群的应用

作为社交、通信手段的 QQ 与微信，近些年来也拓展出其他领域的业务，在教学上，班级群、课程群的建立为师生在课堂之外提供了交流的空间。它的功能与讨论区有着部分重合，譬如它们都允许师生借助这一媒介解答疑惑，相互交流。

但较之讨论区，QQ 与微信这类即时通信软件受众面更广，几乎人人必备，基本上可以做到网络环境下实时的交流沟通。但不足的地方在于，QQ 与微信毕竟不是专门的讨论社区，群内讨论的话题不能长久保存，并且对未能及时参与讨论的学习者而言，想要再去复习之前讨论的话题需要耗费一定的精力和时间；而讨论区则能避免这一缺点，它能将主题帖与回复发言完整地保存下来，确保之后加入的学习者能够也能参与其中。

以上是师生在课堂、课外交流时可能使用到的方式及平台。抛开形式来说，师生交流的重点依然在于答疑解惑以及掌握学习者学习的情况。需要注意的是，由于网络教学中的交流往往是基于文字，或者文字—口语（比如学习者在聊天框里输入文字，直播教学的教师口头回应他的问题），其沟通的效率远比不上直接的语言交流。

总的来说，当教师在进行直播授课时，可以以弹幕或聊天框作为主要的交流渠道。当学习者提出的问题有歧义或者存在可讨论的空间时，在条件允许的情况下，教师可以鼓励学习者打开语音功能进行提问，以提高课堂的交流效率；同时，充分利用好讨论区与课程群的功能，存在可辩论空间的问题可以借助 QQ、微信群展开课后即时的讨论，并且将讨论的精华请课代表或教学助理整理成帖子，发布到讨论区中。教师也应当时时关注讨论区的交流情况，对于有难度的问题进行提示或解答，对于谩骂、上升到人身攻击的回复予以警告或禁言。教师在讨论区这一互动社区中应主要扮演管理员的身份，不过分干预学习者之间的交流和互动，同时维持好社区的秩序和平衡。

第四节　教师反馈

一个完整的教学活动，不仅需要师生在课堂及课外的教与学，教师的反馈也是必不可少的环节。好的反馈，不仅能够帮助学习者更好地认识到自身的学习情况及不足，并且反馈给学习者的建议也有助于学习者有目标、有方向地开展接下来的学习。

反馈是一门学问，它不是简单地告诉学习者对与错，更不是单纯地予以几句鼓励和表扬，一个好的反馈需要包括以下几个特点。

及时性：及时对学习者的学习情况予以反馈。

连续性：教师需要时时关注学习者的学习情况，给予连续性的反馈。

明确性：反馈应当明确，而不是武断、随意、模棱两可。

客观性：反馈不受其他因素的影响，仅对学习者的学习情况做出反馈。

激励性：反馈能够激励学习者完成接下来的学习。

以上几个特点是教师在对学习者学习情况进行反馈时需要牢牢把握住的准则。它们听上去很抽象，但如果教师的反馈能够做到上述的几点，那么对于学习者而言则不仅能够激励他们继续完成接下来的学习，也能有效帮助他们认清当前对学习内容的掌握程度，更有针对性地对接下来的学习进行调整。

一、传统课堂上的反馈

当学习者举手回答问题后，教师都会对学习者的回答进行提示或点评，这就是在传统面对面课堂上教师反馈的方式之一；教师在家庭作业上批改、留下评语，这也是教师的一种反馈方式。语言、表情、动作……这些言语或非言语的方式都能够向学习者传递信息，令学习者从中获取教师想要反馈的信息。

二、网络教学中的反馈

然而在网络教学中，正因为缺乏面对面直接沟通的渠道，教师对学习者学习情况的反馈更多是基于书面文字。在面向班级的网络教学中，由于教师与学习者彼此之间是熟悉的，课后也多有作业、测验等方式辅助教师掌握学习者的学习情况，在这种情况下，教师给予的反馈与传统课堂的反馈方式相差不大，仅仅是缺少教学过程中面对面的互动。

但是在面向大众的直播教学中，教师面对的学习者来自五湖四海，教师不可能一一掌握这些学习者的学习情况。教师们多少参加过直播类型的大型讲座或授课，隔着屏幕，学习者们能够看见对面教师的神态、动作，但教师却看不见学习者的反应，唯一联结两者的，只有通过弹幕或聊天框发送的文字，在更加正式的直播中，这些文字呈现的问题也是由助理挑选之后再由主持人向教师提出的。这样的一种类型我们在上一节的“师生交流”中提到过。由于缺乏有效的沟通途径，教师几乎无法从学习者身上获取其他信息，因此有效的教师反馈很少，那么在接下来的内容中，我们所提到的教师反馈则不包含这类情况。

MOOC 教学同样是面向大众的课程，不仅如此，它还是以录播课形式存在的一种教学方式，与直播教学相比，甚至缺少了课堂之中师生互动的过程。然而，讨论区的开放却为教师的及时反馈提供了途径。

在“师生交流”一节中，我们曾提到教师需要时时查看学习者在讨论区发布的帖子，并且及时答疑回复，这样的答疑过程同时也是教师了解学习者学习情况并予以反馈的过程。教师可以从中观察：哪些教学内容是学习者提问较多的，他们普遍的问题都是什么，等等。这样教师在给予回复时便能够提醒学习者应当注意哪些重点内容，同时也能够帮助教师反思自己的课程，是不是哪里需要调整，是不是哪些内容需要讲得更加生动通俗。

三、测验后的反馈

测验与作业是教学过程中必不可少的环节，它能够有效帮助教师快速掌握学习者的学习情况。

对学习者学习情况的评估一般分为两类：形成性评价与总结

性评价。前者是在教学过程中进行的评价，后者是在教学活动结束后的评价，这一部分会在第五章中详细介绍。

教师通过测验与作业掌握学习者的学习情况并予以反馈与指导；学习者则通过教师反馈的信息及时调整自己的学习状态，继续完成接下来的学习任务。在对学习者的作业及测验结果进行反馈时，教师不应笼统地告知学习者哪里做得对、哪里做得错，更应当点明其混淆的点，对应到相应的章节之中。

在网络教学中，尤其是面向大众的网络教学中，这样的一项工作工程量也是巨大的，因此很多平台允许教师提供测验的标准答案，由系统生成反馈来告知学习者。这在一定程度上确实减轻了教师的负担，并且从另一个角度看，教师并没有更多的精力去关注一个自己并不认识的学习者，因此教师会更加愿意让系统反馈学习者测验的正确率。但这样的一种反馈同样也需要做到及时性、连续性、明确性、客观性和激励性。

学习者完成一次测验或作业后能够快速收到反馈，这是及时性；每一次测验都能够收到高质量的反馈，这是连续性；给予的反馈能够明确指出正确或错误的点，并告知学习者相对应的知识点内容，这是明确性；反馈不受学习者的平时表现影响（这时候就体现系统客观公正的好处了！），这是客观性；反馈的最后能够加上一句鼓励学习者继续完成学习的话语，这是激励性。要做到以上 5 点，教师需要以下准备。

选择能够提供系统反馈的教学平台。一方面减轻教师自身的工作量，另一方面确保测验反馈的及时性。

定期查看讨论区的主题帖。可以是每周固定一天或每天固定一个时段进行回帖，如果教师的时间比较固定，甚至可以预告学习者自己将在哪个时间段回复讨论区。

每一章节课程完成后都能设置单元测验。一方面帮助学习者巩固所学知识，另一方面能结合反馈让学习者知道自己当前的学习情况，让学习者更有目标和计划地完成之后的学习。

设置的单元测验题应当是教师精挑细选的。题目能够贴合当前所学内容，每一个选项都有其设置的原因和特点，这样教师在设置反馈回复时才能更有依据地指出学习者可能存在的错误，并点明之后努力的方向。

激励的话语不要简单的一句："继续努力。"可以采用多种鼓励方式，体现真诚。同时，如果教学平台的系统允许，可以通过算法分析某一学习者常错的题项，在他下一次答错或答对时予以不同的鼓励。

本章小结

本章主要从在线教学的师生交互、教学监督和评价反馈等方面来了解如何管理在线教学过程。

首先，介绍了在教学过程中发挥着重要作用的教学交互，包括生生互动、群体互动和师生互动，以及它对于教学者和学习者提出的要求。

其次，我们在教学监督一节中重点分析了为什么学习者无法坚持学习以及为什么学习者总是拖延。

再次，我们重点探讨了教学交互中一个最重要的互动类型，即师生互动。师生互动对于学习者学习和教学者教学来说都是十分重要的，在线教学的师生互动包括直播课程和录播课程平台的互动，主要有实时弹幕、讨论区等形式。

最后，师生互动中一个比较重要的环节就是教师给予学生反馈。在线教学反馈和传统教学反馈既有相似之处，也有差异之处。课程后的测验与作业是教师提供反馈的重要渠道，及时、明确且具有激励性的在线反馈也对教师提出了一定的要求。

参考资料

[1] 中国教育电视台专访 EDX 副总裁 Kathy Pugh[OL]. https://v.qq.com/x/page/i0859zebcg0.html.

[2] 张静怡，崔雪英，陶婷，等．青年人人格、自我控制双系统与拖延的关系 [J]. 中国心理卫生杂志，2019, 33 (003): 232–237.

[3] 刘兵．大学生自我效能感对拖延行为的影响：心理韧性的中介作用 [J]. 社会科学前沿，2020, 9 (12) : 1906–1912.

[4] 潘银汝，吴丹．大学生时间管理倾向，自我控制能力与拖延行为的关系 [J]. 教育现代化，2019，6 (66) : 236–237.

[5] 张顺民，冯廷勇．拖延的认知神经机制与基因：行为 – 脑 – 基因的多角度研究 [J]. 心理科学进展，2017, 25 (003) : 393–403.

[6] 商秀英，曲可佳．高年级小学生学习态度与学业拖延的关系：学业情绪的中介作用 [J]. 中小学心理健康教育，2019,000 (017) : 8–12.

[7] Troll,E. S. Friese,M., & Loschelder,D. D. How student' self-control and smartphone-use explain their academic performance[J]. Computers in Human Behaviour, 2021, 117 : 106624.1-106624.8.

[8]Morris., & Emily. Impulsivity and procrastination[J]. Science, 2017, 357(6357): 1251.

[9] 商秀英，曲可佳．高年级小学生学习态度与学业拖延的关系：学业情绪的中介作用 [J]. 中小学心理健康教育，2019 (017) : 8−12.

[10] 刘红飞．团体辅导对大学生学业拖延的干预研究 [D]. 武汉：华中师范大学，2017.

[11]Zentall,T. R.,Case,J. P., & Andrews,D. M. Procrastination in the pigeon:can conditioned reinforcement increase the likelihood of human procrastination[J]. Psychonomic Bulletin and Review,2017, 25(5): 1952–1957.

[12] 黄玉肖．解释水平对延迟折扣数量效应的影响研究 [D]. 济南：济南大学，2013.

[13] 张顺民．拖延的时间决策模型及神经基础 [D]. 重庆：西南大学，2020.

[14] Steel,P. & Weinhardt,J. The building blocks of motivation[M]. N. Anderson,D. S. Ones,H. K. Sinangil,& C. Viswesveran (Eds.). Handbook of industrial, work & organizational psychology, Thousand Oaks,CA:Sage, 2018:69–96.

[15] Broerman R. (2018). Diathesis-Stress Model[M]. In:Zeigler-Hill V., Shackelford T. (Eds.). Encyclopedia of Personality and Individual Differences. New York: Springer International Publishing, 2017.

[16]Andreas Chai. Web-enhanced procrastination? How online lecture recordings affect binge study and academic achievement[M].

Discussion Papers in Economics economics:2014,04. Griffith University,Department of Accounting,Finance and Economics, 2014.

[17]Gentina,E.,& Chen,R. Digital natives' coping with loneliness: facebook or face-to-face [J]. Information & Management, 2018, 56(6): 103138.1-103138.11.

[18]Kaufmann,R., & Vallade,J. I. Exploring connections in the online learning environment:student perceptions of rapport, climate, and loneliness[J]. Interactive Learning Environments, 2020(2):1–15.

[19] 韩艺荷，薛云珍．计划行为理论的发展及应用 [J]. 心理月刊，2019, 14 (07): 195−196.

[20] 林琳．拖延行为的干预：计划行为理论和实施意向的影响 [J]. 心理学报，2017, 49 (007): 953−965.

[21]Sheeran, P. Mechanisms of implementation intention effects:the role of goal intentions, self-efficacy, and accessibility of plan components[J]. Br J Soc Psychol, 2011, 47 (3): 373–395.

[22] Efklides A., &Touroutoglou A. Prospective Memory Failure and the Metacognitive Experienceof"Blank in the Mind"[M]. In:Efklides A.,Misailidi P.(Eds). Trends and Prospects in Metacognition Research. Springer, Boston, MA, 2010.

[23]Koningsbruggen, G., Stroebe,W., Papies,E. K., & Aarts,H. Implementation intentions as goal primes:boosting self-control in tempting environments[J]. European Journal of Social Psychology, 2011, 41(5): 551–557.

[24]Epton, T., & Armitage,C. J. Does Situation-Specificity Affect the Operation of Implementation Intentions[J]. Behaviour Therapy,

2011, 48(6): 860–869.

[25]Animesh, A., Pinsonneault, A., Yang, S. B.,& Oh,W. An odyssey into virtual worlds:exploring the impacts of technological and spatial environments on intention to purchase virtual products[J]. Mis Quarterly, 2011, 35(3): 789–810.

[26] 宫翔 . 网络游戏成瘾行为的前因及机制研究 [D]. 中国科学技术大学 , 2019.

[27] 马志强 , 苏珊 . 学习分析视域下的学习者模型研究脉络与进展 [J]. 现代远距离教育 , 2016(04): 44−50.

[28]Bruce,C.,& Stoodley,I. Experiencing higher degree research supervision as teaching[J]. Studies in Higher Education, 2013, 38(2): 226–241.

[29] 王露 . 不同教学情境下人格特质对学习效果的影响 [D]. 武汉 : 华中师范大学 , 2018.

[30] 孙娟 . 网络教学中的学习共同体成员互动研究 [D]. 武汉 : 华中师范大学 , 2012.

第五章
在线教学评价

教学后的评价也是网络教学的一部分，既包括对教的评价，也包括对学的评价，即师与生是双向评价的关系。如果没有做好这一部分，那前面的工作都会受到影响。

教师对于自己以及学习者需要了解什么呢？应该通过怎样的方式去了解呢？首先，教师要了解学习者的人口统计学信息（如：性别、年龄、职业、需求等），同样地，教师还可能想知道学习者的学习前、后的水平和学习效果，并且基于学生评价了解自己课堂的不足。所以教师关注的问题包括如下方面。

学习者想要什么？

什么是“好”的课堂？

怎样做“好”的课堂？

本章将着重关注以上问题进行讲述，并且分别从学习者和教学者的角度提供评价课堂的方法。

第一节　学习者想要什么？

无论教师的网课质量如何，那些积极的学习者总能保持较高的学习效果；而即使是最好的教师，也无法让不想上课的学习者保持专注和投入，自然学习效果就不够好。这种两极分化的现象在网络教学中更加明显，这就给教师的评估带来了困难，因此教师要多思考，针对不同的学习者给予不同的“知识”。

一、学习者类型的影响

不同于传统的线下教学，网络平台的学习者的年龄以及职业跨度极大，并且这些学习者有着不同的知识基础和经验，因此在介绍如何评估之前，我们先来看看教师在网络教学过程中可能会遇到的不同类型的学习者。

☆ 学习者类型

有的学习者是为了参加他们所感兴趣的课程；有的是为了通过网络上相关课程的学习，对他们之前的知识进行巩固、复习或补充以达到能力的提高（如 B 站上的某些开放的课程）；有的是课程要求参加学习（如，获取结课证书可以抵学分），或是对其专业工作有好处（如，在 MOOC 上获得有利于专业工作的证书）；也有学习者想要借助网络课程平台拥有丰富名校师资的优势，有更多高质量的课程资源的选择；同时也有一些学习者纯粹出于对网课这一新生事物的好奇心，这一类学习者通常只会浏览一会网站就退出，并不会持之以恒地进行学习，或者获得一些他们所需要的信息后便离开。因此，我们将学习者分为以下 5 类。

· 兴趣导向学习者

61% 的学习者选择某门课程的动机是出于兴趣，获取新知识[1]。

· 任务导向学习者

22% 的学习者是想在当前学习 / 行业领域内提升专业 / 职业技能，在学习 / 职业领域提升相关职业技能。

· 自我提升导向学习者

13% 的学习者是为了提高某学科成绩或出国或以其他目的深造，提高英语能力及为出国做准备。

· 需求导向学习者

根据自身需要选择学习内容的。

· 其他

在上述的类型中，教师可以判断自己的学习者属于哪种类型，包括自己在网上学习是属于哪种类型，每个人都有可能同时属于多个类型，比如学习者可能在语文课属于兴趣驱动，在数学课是任务驱动（不感兴趣），而英语又是自我提升驱动（能力薄弱）。

☆ 内部动机与外部动机

其实不难发现，上述 5 种类型的学习者主要的区别就是学习动机的不同。换句话说，网课的学习动机不是内部动机就是外部动机，下面来看两位在进行同一门网课学习的同学——小学和小媛。

不难看出小学是内部动机学习者，学习动力来源于自身对学习主题的兴趣，她想要通过学习获得能力的提升。

而小媛是典型的外部动机学习者，学习动力往往出自外部的奖励 / 惩罚 / 强制的要求，任何时候学习都需要理由。

同样，内部动机与外部动机学习者也不是绝对的，取决于学习的主题和情境。总之，教师要了解学习者的学习动机，对不同的学习者给予适当、准确的反馈和评价。

二、学习者对预期与现实的反思

1. 兴趣导向：我想要听到我感兴趣的课，但是老师讲得好无聊。
2. 任务导向：我想知道这门课怎么进行考核，但是老师没有明确地说明。
3. 自我提高导向：我想知道自己究竟掌握得怎样，但是网课的反馈没有给我答案。
4. 需要导向：我想快速掌握需要的知识，我没有必要全部上完。

不同类型学习者：

对学习结果的预期是什么样的？

这些学习者学习结果的实现又是如何？

是否和预期一致？

如若不一致造成差异的原因又是什么？

“理想很丰满，现实很骨感”的现象对学习者和教师来说是个很现实的问题，很多教师在网络教学时会遇到这样的问题，网课的参与率和签到率很高，但最后的学习结果却很不理想[2]。

讨论到学习者对于学习结果的预期和现实是否有差异这一问题，我们需要引用宾夕法尼亚大学对 100 名慕课用户进行调查的数据。该调查发现，注册用户中听过一堂课的有 50%，完成全部课程的用户只有 4%。这一高注册率，低通过率的现象是慕课面临的一个普遍问题。学习者们在课程的伊始都抱有自己能学到知识、提高能力、完成课程或是拿到证书的信心，但事实往往不尽如人意，学习者现实的学习结果差强人意，远不及预期。这些结果可以从断崖式的辍学率和极低的课程完成率中体现出来。

那么，为什么会存在学习者普遍有始无终，高参与、低成效这一现象呢？

依据学习动机划分出的 5 类学习者的分布，我们可以发现兴趣驱动学习者占 61%，这意味着大部分的网课学习者在初期都有着极高的个人意愿、浓厚的兴趣或者较大的好奇心，这也就解释了高参与这一现象。

在后期的学习过程中，稳定的学习动机是由影响学习动机的内部因素和外部因素共同决定的。也就是说，提高学习者自身的毅力与坚持，提高网课中的视频效果，增加学习情境的真实性，保持学习者学习兴趣，减少工作 / 生活与网课的矛盾等，这些都是提高学习效果、减小学习者预期和现实差距的重要手段。

我们针对学习者、开发者以及建设者提出了以下几点建议。

针对学习者：明确学习目标、正确自我定位。这有益于学习者在课程的选择上，选择适合自己能力范围的、能够完成的课程和数量。对于在职学习者来说，合理的规划更利于他们兼顾工作与学习，降低工作与网课学习的矛盾；对于在校学生来说，合理安排学校课程与在线学习，使两者之间时间不冲突有利于提高在线课程的完成率。

针对开发者：增强学习情境的真实性，消除学习者的孤独感和无助感。教师及时对学习者的提问做出反馈，对于讨论区的建议和意见适当进行采纳，定期直播与学习者面对面互动、答疑、交流学习心得。助教及时答疑、及时更新、反馈同学意见及平台出现的问题。

针对建设者：保证网课平台的大规模、稳定性、安全性、播放流畅性、网页打开正常，重视学习者的学习体验，学习情境具有真实性，消除学习者孤独感。

第二节　什么是“好”的课堂？

精益求精是教师在进行网络教学时力争达到的目标，但一门课程“好”的标准究竟是什么呢？怎样去评价学习者的学习效果好坏呢？本节将学习效果和学习行为作为评价标准来对学习者进行评价，以及分别从学习者和教学者的角度来对网课进行评价，并基于此讨论建立一门优秀的网课应该具备哪些条件，如何评价一门课程的好坏以及如何制作出一门好的课程。

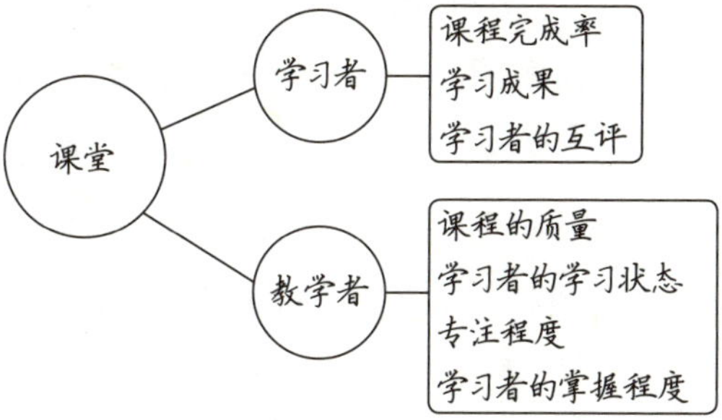

课堂评价的具体内容

一、什么是“好”的学习者？

在解决这个问题之前，教师首先要明白，在教学评价的过程中，评价不是简单、单向地给学习者一个分数。教学评价是一个教与学相互作用后的混合结果，教师与学习者互评和自评的过程。评价主体由教师、同伴以及学习者自己等多元主体共同构成；评价内容不仅关注学习结果，更注重学习过程，如情感、态度、个性、能力、参与程度、学习风格等；评价方式上不仅只关注考试或测验，更注重表现性评价、展示性评价或成长记录评价等，如解决问题的方法，协作探究中的表现、时间安排、成功展示等，其功能重在激励、诊断、改进等。

教学评价的构成

评价主体	评价内容	评价方式
教师、同伴、学习者自己等多元共同体	情感、态度、个性、能力、参与程度、学习风格等	表现性评价、形成性评价等，激励、诊断、改进等

☆ 客观数据评价

在传统的课堂中，教师可以根据学习者的平时成绩、课堂表现、注意力是否集中等来判断哪些学习者的学习效果好。但在网络课堂上，试图通过观察学习者注意力、听课表情等这种主观的评价标准来看学习效果显然不太合适，因此，教师可以以客观的数据作为评价标准。线下到线上，主观评判到客观评价，如下图所示。

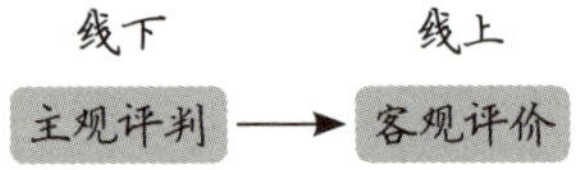

线下教学与线上教学的评价区别

对学习者的评价方式主要由后台数据、教师评价以及学习者互评这三个方面组成，如下表。

对学习者的评价方式

后台数据评价	教师评价	学习者互评
教学视频观看时间、测验完成准确度等方面	根据学习者的发帖与回帖质量及数量进行评价	学习者自评、学习者对他人答题情况的评价

在线课程中，教师、学习者及助教团队在教学过程中是三类平等的主体，而传统课堂的教学评价主体主要是教师。对于教师主体角色，这里我们就不进行重复解释了。这里主要对后台数据和学习者互评这两类区别于传统课堂的评价方式进行一下介绍。

· 后台数据评价

后台数据评价的优势是评价标准统一且保证客观性，理论材料支持具有科学性，评价的精确度高且学习过程与学习结果并重。

分析学习者行为可以从以下 5 个方面进行（均以中国大学慕课为例）。

视频完成率：每名学习者的学习总时长都会有记录，学习者的学习时长可通过换算被计入学习者总成绩。

作业提交率（包括期末测验）：每周课程结尾都附有周测，学习者有两次完成机会，第二次是同样的题目，但是题目 / 答案顺序会发生改变，两次成绩取高分计入总成绩。测验基本以单选题和多选题的形式呈现，单选题这类题型可猜测性比较大，无法检验学习者是否掌握复杂问题，相对而言多选题偶然性小，更能检测学习者对所学知识的准确掌握程度。

学习者的成绩规律：在一门课程中成绩始终如一或有高峰和

断崖，高分成绩始终如一和成绩逐步上升的学习者被认定为优。

学习者参与论坛的情况（看帖、发帖、回帖）：学习者是否属于不发帖或看帖不回帖的状况难以被考察，只有从学习者的发帖数量以及回帖数量来考察学习者的学习积极性，学习积极性高的相当于传统课堂中的平时分高，影响最终的总分高低。论坛能够帮助学习者建立归属感，加强师生、生生交流，了解到自己所没有注意到的知识点。

关于辍学：是否辍学或完成第几周的课程后辍学（包括辍学情况集中在第几周）的行为规律。

· 学习者互评

学习者互评的优势在于，有助于学习者了解他人的学习方法、认识到自己的优势和不足，并且学习者在知道评判标准后完成学习任务时更具有针对性、评价时也具有共情感。

美国学者托宾（Keith Topping）总结了同伴互评的好处：①有助于学习者发展评价和解释能力；②有助于学习者利用所学内容进行同伴互评；③有助于学习者分享、交流彼此所掌握的信息、知识；④有助于学习者拓展眼界和知识面。

布朗（Sally Brown）也指出，同伴互评有助于促进学习者终身学习技能的发展，而不只是要求他们依赖教师的评价。

瑞思（P. Race）从学习者角度描述了同伴互评的好处：①学习者感受到主人翁意识，并提升学习动机；②促进学习者承担学习责任，养成自主学习的习惯；③把互评当作学习的一部分，因此错误被视为学习机会而不是失败；④通过同伴互评获得终身学习技能，特别是评价技能；⑤利用外部评价促进学习者的自我评价；

⑥激发深度学习[3]。

二、什么是“好”的教学者?

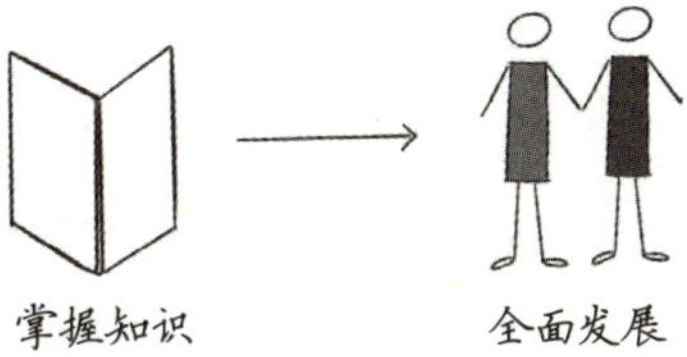

在传统的线下课堂教学中，教学评价更多的是对教师或者教学本身提出的一种要求。从教师教的角度出发来设计教学评价体系，现代教学越来越强调以学习为中心，当代教学的价值取向已从“掌握知识为主”向“学习者发展为本”转变。追求超越单纯的认知发展，努力促进学习者多方面素质发展甚至全面发展。

书本知识的掌握即智力的发展，它虽然是教学的一个方面的目标，但远不是学习者学习的全部目标或根本目标，学习的主要目的是作为促进学习者身心素质发展的资源、手段和工具。

【案例】*以笔者自己为例，近年来学校在不断地开展“一堂好课”教学活动的评选，评选的标准逐渐由原来的优质的教案、流畅的表达等教师教学能力向以学习者为中心的评选标准转变，即教师的课堂呈现能否引起学习者的共鸣，能否使学习者专注于课堂。*

除了传统课堂教学，我们观察慕课、雨课堂等在线学习平台中那些广受学习者喜爱的在线课程，发现它们共有的特点除了内容精致外，教师教学风格（或幽默，或趣味）也是一个非常重要的方面，因此从学习者的角度进行评价也是有效的。

☆以学评教

在 2017 年进行了一项关于学习者对教学的评价与学习成绩之间关联的研究，结果发现两者之间并没有显著的相关，即对教学活动本身的评价并不能很好地预测学习者的成绩[4]。与此同时，根据陈佑清教授提出的“有效教学”的模型[5]，在教导活动和学习成绩之间起关键作用的是学习者的学习行为，因此，以学习者评教的思路就是以教师教导活动所引起的学习者的学习行为的表现、状态，来评价教师教导的效果和质量[6]。

具体来说，将学习者的学习行为的特征划分为学习行为的针对性、学习行为的能动性、学习行为的多样性、学习行为的选择性4个维度，将其作为一级指标，再向下划分细则，如下图。

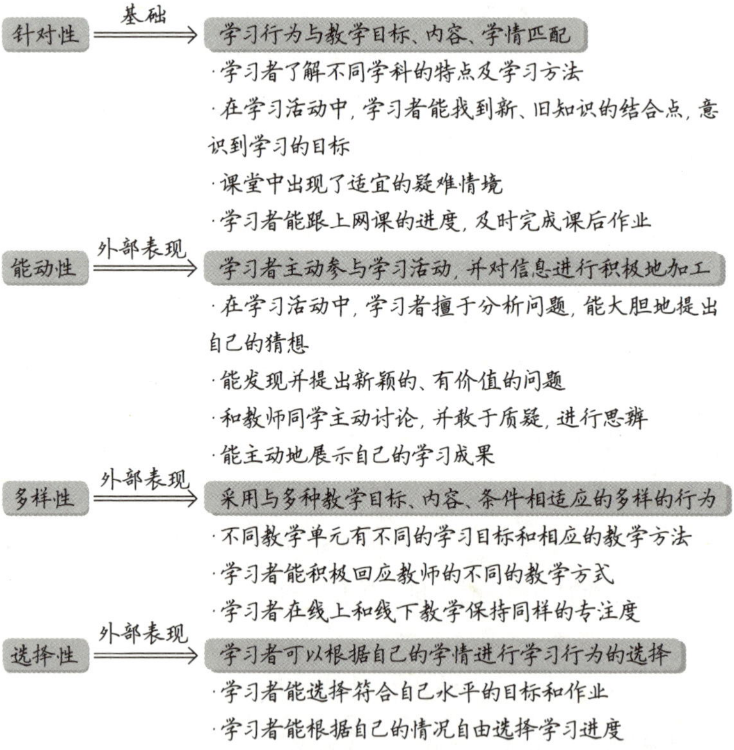

学习者的学习行为特征图

上述细则只是作为一个参考，教师可以根据自己的实际情况建立自己的评价标准，在上述四个维度的特征中，学习行为的针对性是基础性的特征，而能动性、多样性、选择性则是其外部表现形式。

同时，我们还要注意一点，在传统课堂教学中，学习行为的选择性是很难实现的，因为教师上课的进度无法考虑所有学习者的掌握程度，但这一点能在网络教学中得到很好的体现，是需要教师重点关注的。

☆ 形成性评价

在我国经常讨论的一个问题就是“应试教育”，学习者往往瞄准考试而忽略了学习本身的意义，这也使教学不得不顺从学习者。由此，好像调动学习者积极性的主要手段就只有考试了。这种恶性循环在教学过程中并不少见。但应试教育在我国是具有其合理性和优越性的，导致上述现象的原因之一就是考核内容本身的问题。我们发现，大多数考试的题目会设置很多记忆性、客观性的题目，而忽略了那些具有发散性、开放性、创新性、能够测评学习者能力的题目。

其次，就是评价方式的刻板。在一般的教学中，经常用期中、期末考试或者单元测验等来测评学习者的学习效果，虽然其结果的差异能在一定程度上反映学习者的学习情况，但由于期中和期末间隔时间较长，很难准确地反映学习者真实的学习效果。因此，我们建议采用形成性评价方法。

形成性评价是指在教学过程中，教师为了了解学习者的学习情况而进行的经常且及时的测评，目的是为了让教师能随时了解学习者情况，及时给学习者反馈或对教学进行调整，以促使学习者更好地学习。它是一种面向授课、侧重反馈的评价方法。

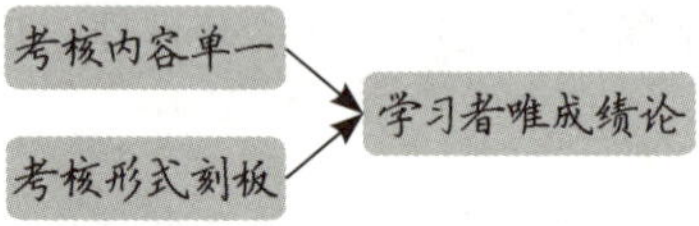

“应试教育”考核存在的问题

美国教育学家布鲁姆提出“掌握学习”的思想，即每个单元的学习结束后，教师都应及时检查学习者的学习效果，确认学习者掌握该单元知识后，再开始下一单元的教学。这一思想对美国的教育评价的改革影响深远，并且在中国引起了很大反响。

在传统课堂中，教师很难有足够的精力去顾及每一位同学，也很难采用不同的学习指标来进行每一次的评价，学习者也缺乏主动学习、自我调整的途径；而在网络教学的环境中，这些都可以得到很大程度的实现。因此，我们将介绍对网络教学有效的形成性评价方法。

· 评价量表

评价量表是由美国大学创造的一种课堂评价方法，也是目前使用最广泛的评价方法。译作《评价量表：快捷有效的教学评价工具中》提出：评价量表是一种包含评价维度、评价等级和评价标准的表格，是一种可以用于几乎任何课程的评价方法，尤其是像 MOOC、SPOC 等参与性强且多人参与评价的大型在线课程，评价量表可以提高这类课程评价的公平性与客观性。

实际上在国内评价量表的应用并不少见，比如教师的课堂记录、学习者对教师的匿名评价、考试评分细则等都属于这一方法的应用。但我们希望给教师提供一种创新的应用方法，即鼓励学习者参与评价量表的制订，教师可以在教学开始之时将制订好的评价量表发给学习者，和学习者讨论并修改评价量表，解释量表的评价标准，确保学习者能够充分理解，还可以让学习者写下对该课程的预期和建议（如该课程的课程目标、上课方式、考核方式等[7]），这些都能够借助网络教学平台功能（如共享文档、匿名发言等）得以实现。

通过与学习者围绕评价量表构建的讨论（可以在教学前让学习者先了解教学的目的和评价标准），可以大大提升学习者学习的积极性，增加学习者对教学目的和教学过程的了解；能够在一定程度上实现教与学的融合，将教师的目标转化为学习者的目标；学习者可以在学习过程中进行自动调整，特别是在网络学习中，学习者可以自主选择上课的进度和重点章节的重复学习。

西班牙学者 Ernesto 和瑞典学者 Jonsson 在 2013 年做的一项调查发现，教学过程中评分规则的透明化，也就是我们所希望达到的，能够减少学习者的学业焦虑并提高学习者的自我调节学习策略的运用，最终能够提高学习者的学业成绩，这一实证研究也证明了将评价量表与学习相结合的方法是有效且可以实现的[8]。

· 成果档案袋（作业的评价）

档案袋评价的方法最早来源于美术教育中。美术专业的毕业生在毕业时通常会收集自己最满意的作品进行个人作品展，以此来显示自己的学习成果和成就。后来这种方法被教育研究者应用于其他专业和更广泛的课程教学中去，为教学评价提供更加真实的材料和依据。近些年随着互联网的普及以及网络教学的蓬勃发展，降低了成果档案袋的制作成本和使用的难度，比如教师可以为每个学习者建立电子档案，学习者可以在网上管理自己的档案等，因此，这一评价方法是值得教师学习使用的[9]。

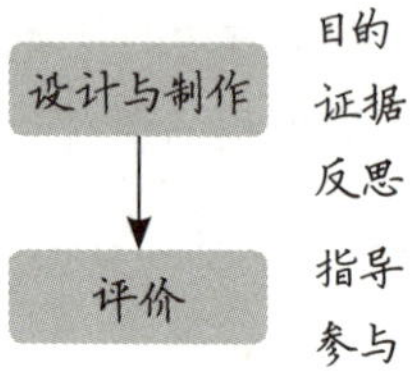

档案袋评价

· 设计与制作

在设计档案袋时要考虑三方面因素，即目的、证据和反思。首先，教师本身要明确本课程的特点和教学目的是什么；是实践应用类、基础理论类，还是有较高自由度的课程？不同的课程要求学习者建立的档案袋的种类也有所不同，主要有展示型和理想型两种。

展示型档案袋的目的是为了宣传与展示，主要是为了展现学习者的能力和创造力。比如，某些实践应用的课程强调学习者将知识应用于实际生活的能力，学习者可以将自己最满意或者具有创意的作品作为档案袋评价的材料。

首先，理想型档案袋是通过记录一段时间的学习经历，提供连续动态的评价材料，帮助学习者进行自我调整。理想型档案袋记录的是学习者的一系列成果，而不是自己表现得最好的某次成果。比如，对于某些理论型的基础学科，教师想要了解学习者对知识掌握程度以及存在的薄弱之处，这时可能就需要理想型档案的支持。

其次，收集的证据就是制作档案袋所需要的材料，即上述提到的学习者的作品或者学习记录等。成果档案袋不只是一种评价工具，更像学习者专属的个人空间，教师应鼓励学习者展现自己的个性，给予学习者充分的自由度，学习者个性化的表达也是档案袋的一部分。但是，成果的展示不是随意的，应该符合课程要求和教学目标，而不是简单地将档案袋作为一项要求随便应付。这一点需要教师在课程开始时就与学习者明确。

最后，对档案袋中的成果进行反思是不可缺少的步骤，成果档案袋起到的不是简单地放置作用，需要学习者经常总结回顾自己的学习收获，并发现自己的不足，调整下一步的学习方向。

· 评价

虽然我们提倡学习者将成果档案袋作为个性化的展览区，但也需要教师的指导，以免学习者偏离教学目的和课程要求。这和小时候父母偷看我们的日记不一样，所以我们的建议是允许教师适当进行指导建议，但原则上不加以干预。

除此之外，教师在评价时要保证公平。因为学习者在公开展示自己的学习成果时，来自同伴和教师的肯定至关重要，教师要公开、公平地评估学习者的成果。我们常说：教师的责任是把好的学习者变为优秀的学习者，把暂时落后的学习者变为好的学习者。因此教师要兼顾不同起点的学习者，将学习者学习成果的增量作为评价的标准。

· 真实性评价

真实性学习是一种崭新的、具有启示性的教学理念。所谓的真实性评价就是指真实或者在模拟真实环境中，以真实问题为任务，在教师示范和帮助下，学习者通过参与真实问题的解决过程，学习相关知识和技能，获得真实学习体验的学习过程。在传统的线下教学中，要做到这一点是比较困难的，但在网络教学的环境中，则可以借助现有科技来实现。

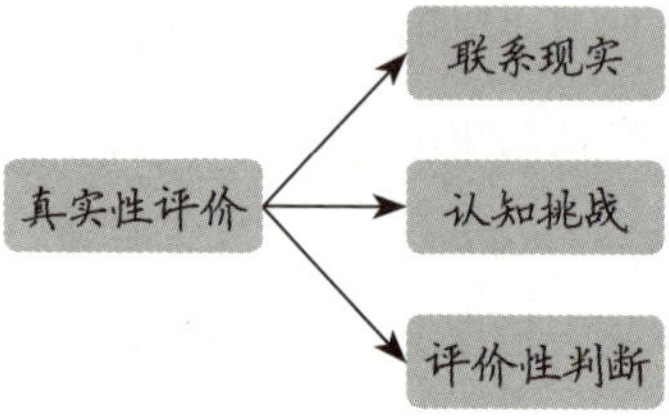

真实性学习评价

首先，真实性评价的目的是想让学习者认识、体验、适应真实生活，能够将所学的理论知识与实际问题相结合，这一点在大学课堂中至关重要。比如，对于某些工科类的专业，强调的是实操的应用能力，单纯的理论学习是远远不够的，因此会有相应的工厂实习的课程。而在互联网普及的今天，各种能够模拟真实工作环境的仿真实验仪，也为学习者提供了真实性学习的条件。正因为此，教师对学习者学习成果和作品的要求就应该符合行业或工作标准，最好能够邀请专家参与评估，提供更真实的反馈。

其次，教师所构造的真实情景和任务要具有挑战性，要让学习者明白在模拟的真实环境中，解决问题的经历是具有实际价值的，能够迁移到交际生活中去。比如，教师可以使用学习者熟悉或者感兴趣的环境，对于小学低年级的学习者来说，可以构造一个游乐场的环境（或者真实的）。

【案例分析】*在教授四年级小学生的英语时，有一节是要求学生掌握“左转”“右转”“直走”等方向词的英语单词，对于低*

年级的学生来说，单纯地去记忆是很困难的，因此我们可以在课堂上为学生模拟一个真实环境。我们先请一位同学闭上眼睛想象自己正坐在自己家的卧室，现在你要出门找同学玩，你该怎么出去呢？一边做动作一边说英语。后面我们又加大了难度，请两位同学合作，一位同学指挥另一位同学走到某个位置等等。我们发现学生很快就能很好地掌握并区分这些词，并且无一例外的，每个学生都表现出了很高的积极性，这也是真实性学习的一种应用方法。

最后的一个关键就是评价性的判断，就像上述案例中，当学习者闭着眼睛做动作时，教师要不断地给予反馈一样，在这里教师可以使用我们在前文所提到的评价量表的方法，给予学习者连续动态的评估反馈。

第三节　做更好的网络课堂

传统教学以教师为主导，而网课时代的到来改变了师生关系。平等的师生关系逐渐代替了传统的师生关系，促进教师正视自己教学方式中的不足，不断提升欠缺的教学能力，形成教学相长的师生关系。

当今研究表明，学习者和教师在网络教学的环境中分别扮演着各自的角色。研究表明，学习者和教师的教学功能是重叠的，我们强烈倡导学习者和教师的角色应该相互转换融合而不是作为两个孤立的个体[11]。因此，教师应勇敢面对新的挑战，主动适应教师角色的转变，积极更新教育观，努力提升自身的能力、素质，完成网络背景下教师角色的重塑，以足够的自信迎接在线教育时代的来临。实现自身角色的华丽转变，具体可以从以下三个方面着手。

在网络时代，每个人既是学习者，也是教学者

☆ 转变教师的教育教学理念

要抛弃传统教学“教师中心”“教材中心”“知识中心”的教育理念，适应网络教学的新特点，树立学习者中心、学习中心、团队中心、个性学习的教育教学理念。

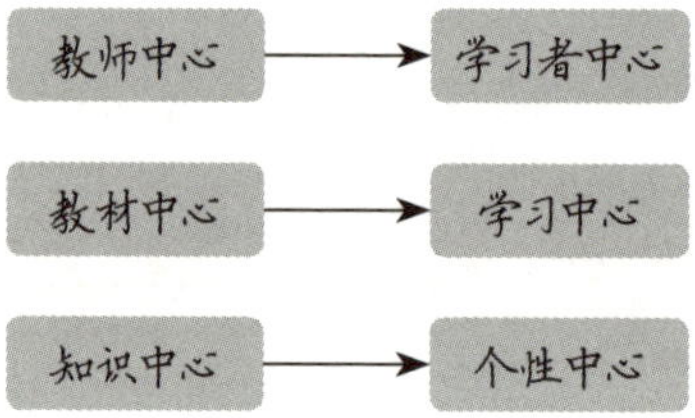

教师教育理念的转变

课程的设计上，要以学习者的需求为中心，树立个性化学习理念。关注不同基础、不同需要的学习者的学习特点，遵循网络在线学习的基本规律，科学地选择教学内容，设计教学过程和互动讨论环节，并制订科学的学习者学习评价标准和方式，通过现代信息技术与虚拟交互技术促进师生之间的建构学习，并充分运用云计算、大数据、数据挖掘等技术准确分析学习者的学习进程与学习效果，以便为学习者学习效果的提高提供及时充分的支持与反馈。

☆ 加速转换教师角色

网络背景下新的学习方式要求教师从单纯的知识传授者变成学术守门人、导师、助学者、促学者、评学者，支持与促进学习者学会学习，学会合作，学会创新。

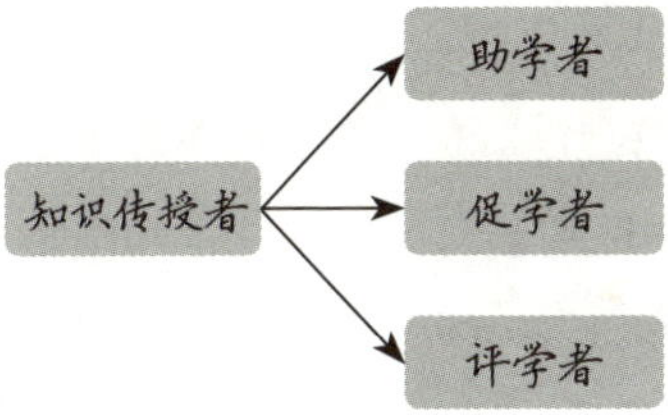

教师角色的转变

网络学习条件下，由于知识汇聚在网络的各个结点，教师不再是知识的全部权威，而只是其中的一个结点。因此，教师不再是知识的唯一传授者，他们只是在课程的开始阶段提供基本的框架性内容，成为课堂的领导者和组织者。而真正的学习和知识创新则要在师生互动和生生互动中产生，教师则需要为创造这种互动和氛围提供支持和帮助。

尽管教师不再是知识的权威，但并不意味着教师传统职能的丧失，相反由于他们具备一定专业背景，通常是本领域内的专家或具有丰富经验的业内人士，所以能够成为学习者专业学习的有效指导者。学习者由于自身知识结构和经历的局限，并不能完全清楚学习的整个过程和要达到的主要目的，必须有教师的指导。

在这种背景下，教师的主要任务也随着角色的变化而发生变化，由传授知识的角色变成指导、促进、支持，甚至参与学习者学习的角色，并为学习者自主学习创设良好的环境。为此，教师必须开展新的教育理念学习，研究开发新的混合式教学模式，研究教师动态角色的重要性，掌握翻转课堂等新的教学方式，学会利用数据挖掘技术实施个性化培养方法，探索提高在线学习效果评估的方法，鼓励在课程互动与答疑的过程中，通过交流创新课程内容来正确引导课程进程。

☆ 不断提高教师以信息化教学能力为核心的综合教学能力

网络教学是一种基于现代信息技术和网络平台而开展的教学模式革新，信息技术是开展网络教学的重要支撑。

· 提高教师利用信息技术进行教学设计的能力

如怎样根据学习者的学习心理差异和不同的学习需求科学设计教学内容，满足学习者个性化学习需要。

· 提高教师利用信息技术拓宽教学形式的能力

随着信息技术的日臻完善，课堂教学向多种形式叠加教学转变，课堂教学只是教学的形式之一，教师必须顺应其发展需要，充分运用各种手段和技术拓宽教学形式，并实现单一的接受式学习向师生合作共同创新的学习方式转变。

· 提高教师运用信息技术进行学习分析的能力

教师要努力掌握现代云计算、大数据和数据挖掘等分析技术，分析学习者及其学习环境，评估学习者的学习进程与学习效果，发现学习者学习过程中潜在的问题，促进学习的优化与提高。除了提高教师的信息化教学能力之外，还要大力提高教师掌控教学进程，创设教学互动情境，科学合理地评价教学以及为学习者提供指导、服务和帮助等多方面的综合能力，以便更好地适应网络教学的需要。

拓展阅读

教学效果的延续

网络课程不是制作好课程然后放上网就结束了，需要教师与学习者进行课后的交流，也需要学习者在课后主动进行再学习，这有利于提升学习者的主动性和拓展学习者的知识面，对学习者来说是非常重要的过程。课后交流有以下形式。

· 讨论区。由学习者提出问题，教师进行回答；也可以就一个问题，教师和学习者共同进行讨论；还可以是教师提出问题，学习者围绕问题进行讨论。

· 课程资料。教师上传课程资料，请学习者在课程结束后主动学习和阅读课程相关资料，作为对课堂知识的额外补充，加强学习者对课程知识的理解。

· 布置作业。通过布置作业的方式，让学习者进行线上作业，可以及时复习课堂知识，同时教师也可以通过作业了解学习者的学习情况。

本章小结

本章从学习者的角度和教学者的角度了解如何评价一门在线课程。

首先，依据不同的学习者类型挖掘各类学习者各自不同的学习动机与需求，并且基于不同类型学习者对于课堂的预期和现实的差距初步探讨如何评价在线课程。

其次，从学习者及教学者两个方面来分析对于网课的评价，探讨了“好”的评价标准，并且介绍了几种通用的评价学习效果的方法，如评价量表、成果档案袋等。

最后，分析了教师实现更好的网络教学所必须具备的各种信息素养。

参考资料

[1] 白倩，赵丽，张舒予．慕课的学习现状与反思：基于我国慕课学习者负动机影响因子的角度 [J]. 现代教育技术，2016, 26(12): 65−71.

[2] 陈向东，曹安琪．为什么没有坚持：一个 MOOC 学习个案的分析 [J]. 现代远距离教育，2014, 000 (002): 9−14.

[3] 许涛．慕课同伴互评模型设计研究 [J]. 开放教育研究，2015, 21(02): 86−94.

[4] Uttl, B., White, C. A., & Gonzalez, D. W. Meta-analysis of faculty's teaching effectiveness: student evaluation of teaching ratings and student learning are not related[J]. Studies in Educational Evaluation, 2017, 54(4): 22–42.

[5] 陈佑清．论有效教学的分析模型 [J]. 课程．教材．教法，2012,(011): 3−9.

[6] 陈佑清，陶涛．“以学评教”的课堂教学评价指标设计 [J]. 课程．教材．教法，2016,36(01):47−54.

[7] 赵炬明．关注教学效果：美国大学课程教学评价方法评述——美国“以学生为中心”的本科教学改革研究之六 [J]. 高等工程教

育研究 ,2019(06)9−23.

[8]Panadero, E., & Jonsson, A. The use of scoring rubrics for formative assessment purposes revisited: a review[J]. Educational Research Review, 2013, 9: 129–144.

[9]Chang, C. C., Liang, C. Y., & Chen, Y. H. Is learner self-assessment reliable and valid in a Web-based portfolio environment for high school student[J]. Computers & Education, 2013, 60(1): 325–334.

[10]Villarroel, Verónica, Bloxham, Susan, Bruna, Daniela, Bruna, Carola, &Herrera-Seda, Constanzza. Authentic assessment: creating a course design[J]. Assessment & Evalution in Higher Education, 2017, 43(5): 840–854.

[11]Aliusta, G. O., & Ozer, B. Student-centred learning (SCL): roles changed[J]. Teachers and Teaching, 2017, 23(4): 422–435.

[12]Trajković, S, Prokić-Cvetković, R, & Popović, O. Massive Open Online Courses (MOOC) and Its Possibilities as Instrument of Formal, Nonformal, Informal and Lifelong Learning[M]. Virtual Learning, 2016.

第六章
在线教学数据

在“互联网 +”时代，一个非常重要且不容忽视的资源就是网络之中的大数据，即在信息技术的发展过程中积累起来的各行各业的大量的数据。在金融业、商业、医疗保健行业、城市建设等各领域中，各种关键的决策背后都离不开数据的支持，基于数据的决策成为影响决策正确性的重要因素。

在教育学领域中也不例外。真正为实现教育决策与大数据结合提供可能的是慕课（大规模在线开放课程）的兴起。随着我国在线教学的发展，教育数据的重要性也愈加凸显。

除了作为一种新的教学模式为大众提供接受高等教育的机会，实现向终身学习型社会发展外，在线教学本身也是一个极具吸引力的研究领域。在这个领域中，研究者们基于数据进行了大量的研究，这些研究成果反过来不断促进教学模式的改善，最终通过教学实践提高学习者的学习效果。可以说，教育数据是教育实践和教育研究的关键结合点。

在前面的教学评价章节中，我们简要提到了利用数据来评价学习者学习效果的方法，在本章节中我们将要详细了解学习数据。

那么对于教师而言，可以利用哪些数据来了解学习者呢?

他们又该如何高效利用这些数据来对学习者提供支持和进行评价呢？

第一节　哪些数据？

了解学习者是更好地为他们提供支持和对其进行评价的第一步。对于在线教学来说，数据就是深入了解学习者的重要依据。一方面，完善的数据收集手段是获取精细全面的数据的重要保证；另一方面，成熟的数据分析方法也是确保深入了解学习者及对其学习方式的重要条件。

从数据来源角度看，数据可以分成生理数据和后台数据。在教育学领域，我们可以通过这两类数据来了解学习者在学习过程中的学习状态。下面我们将深入了解这两类数据。

在线教学数据的具体内容

生理数据	后台数据
眼部追踪数据 心率追踪数据 其他数据 ……	学习者数据 课程数据 ……

一、生理数据

如果你追过 *Lie to Me*（《别对我说谎》）等这类关于犯罪心理学的影视剧或小说，你可能会知道存在着一门学科——“微表情心理学”。在心理学中，表情指的是情绪主观体验的外部表现模式，即表现在外部的情绪情感，包括面部表情、语言声调和身体姿态。当你的话语与心理不一致时，相比于你说的话，你的身体姿态等更加不会背叛你的真实心理。因此，这也告诉我们在日常教学的实践中，可以通过观察学习者的面部表情或者身体姿态来了解他们的学习状态。在以往的教育学研究中，也主要是通过观察法和自我报告法来收集数据、了解学习者的。

自我报告法是通过问卷、访谈等手段来获得学习者的想法和感受，对这些想法的分析和感受可以采取定量的研究方式，利用统计学的理论获得对更加一般的情况的了解；也可以采取定性的研究方式来分析单独的个体数据，获得对个体学习者更加深刻的理解。

随着现代技术的发展，我们不再满足于传统的数据收集手段，因为它受到观察者和被观察者的心理或其他因素的影响，不够客观。并且随着在线教学的发展，许多新的学习方式出现了，我们也需要新的数据收集方式为解决问题提供一种新思路。于是我们开始借助于外部设备来收集他们的生理数据，继而了解他们的学习心理。

生理数据指的是通过生理测试收集到的个体身体反应的数据，例如，心率、眼动等。并且技术的发展使得这种测量过程既可以在实验室中进行，也可以在更加自然的课堂中进行。

那么，生理数据具体包含哪些数据呢？

（一）眼动追踪数据

“眼动追踪”是指追踪一个人的眼睛视线的移动轨迹以及记录其在看特定目标时瞳孔的变化。

☆ 什么是眼动追踪?

· 眼动意味着什么

眼动即眼球的运动，包括三种基本方式，即注视、眼跳和追随运动[1]。注视，简单来说是指眼睛的中央窝对准某个物体超过100毫秒。但注视不代表眼球静止。眼跳，是指注视点或注视方位的突然改变，往往是学习者意识不到的。追随运动，是指当被观察物体与眼睛存在相对运动时，眼球随着物体移动以使眼睛一直注视物体。

眼动与注意及内部信息加工机制存在着密切联系，它既受到内部的控制，也受到外部的影响，更多情况下受到任务或目的指引。因此，眼动追踪可以精确地分辨出个体在寻找什么，从而找出那些对于他来说相对更重要的东西；此外瞳孔的变化在一定程度上反映了个体的情绪、动机、态度和疲劳[2]。

也就是说眼动追踪可以发现你看了哪些地方，停留的时间，你的浏览顺序，你的情绪状态如何，等等，而这些都在某种程度上反映了你的学习过程。例如，一个人瞳孔直径的突然变化表明他或许正在付出更多的精神努力。如果一个人正在看一个视频并且他的瞳孔直径突然改变，那么很可能表明他对这个视频中的某些内容存在理解上的困难（当然也可能是出乎意料的信息或特别感兴趣的事物）。

· 眼动追踪的优势

眼动追踪能更加客观地衡量学习者与视频图像的互动方式或者他们对视频或图像的反应，并且能够全程跟踪整个学习过程。这种方式比在实验 / 研究中打断一个人，问他们：“你觉得完成这项任务有多难?”“你更喜欢哪种教学方式？”或者事后让他们回忆实验过程中的感受和想法的方式来得更加自然和客观。

☆ 眼动数据

· 眼动追踪设备

常用的眼动追踪设备是眼动仪。根据使用场景分为基于屏幕的眼动仪和穿戴式眼动仪。

基于屏幕的眼动仪通过放置在距离被试者一定位置的地方来监控被试者的眼球运动；而穿戴式眼动仪则通过将眼动追踪系统和场景摄像机集成在眼镜或头盔上，去采集被试者的眼动数据，被试者可以自由移动，能够在自然情景中使用。

眼动仪

大多数的眼动仪是基于瞳孔－角膜反射技术工作的。简单来说，它是利用红外光在瞳孔和角膜之间光线反射的角度来计算眼动方向的。

· 收集的数据

利用眼动追踪设备收集的数据类型十分多样。主要包括眼动的时间、空间数据以及瞳孔大小与眨眼的数据。眼动时间数据主要是各种眼动的次数和时间；而空间数据是指眼动的方向和距离，可以通过眼动轨迹图来呈现。

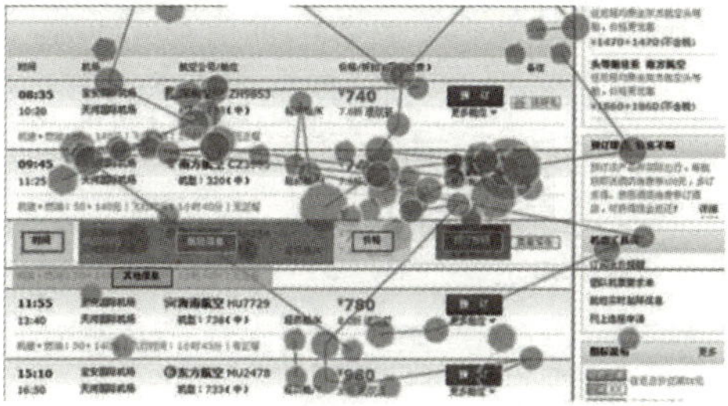

眼动轨迹图

☆ 如何分析数据？

即使用可视化的方式把眼动仪收集到的数据表达出来，能看到的也只是一个点（测试人的视线注意点）在不断跳动，或者是把这些点连接起来，看起来就像一团毛线一样的交错的线条。更重要的是要去分析这些“乱七八糟”的线条，从这些数据来了解背后代表的个体的生理变化和对应的学习状态。

研究者们对收集到的数据进行分析，通常要先定义一个基于注视模式（注视模式是一个基于眼睛固定和跳动的模式，可以用于推测特定情境中人的意图或目标）的测度，然后通过这个测度研究学习者在网络学习中的相关特征。

☆ 利用眼部追踪我们发现了什么？

我们可以通过一些具体的研究来了解眼动追踪数据的分析和运用。

· 学习者真的在“跟随”教师吗？

Sharma 等人利用眼动追踪对 MOOC 学习者进行了深入研究以了解学习者是否在跟随教师[3]。

首先研究者对基于注视模式的测度进行了定义——“跟上我”

（with-me-ness）：学习者真的在“跟随”教师吗？即学习者真的注意到了视频中与教师的言行有关的那些显示元素了吗？具体可以分为感知水平的“跟上我”和概念水平的“跟上我”。

感知水平的“跟上我”：学习者的注意遵循教师的指示行动（deictic act）。教师的指示行动是教师在谈到视频上的某个事物时采用的指示性的手势，比如用手指着文字，有时可能还伴随着“这里”“那里”这样的话语。

概念水平的“跟上我”：学习者的注意跟随教师的对话（discourse）。当教师想让学习者注意到视频上的某个事物，采用的方式是直接说这个事物的方式，而没有采取指示性的手势。

瑞士学者 Kshitij Sharma 教授的研究发现，有更高的“跟上我”水平（不论是感知水平还是概念水平）的学习者，能在后面的测试中取得更好的成绩。换句话说，根据教师的指示来放置自己的注意力的学习者能取得更好的成绩[4]。

感知水平的“跟上我”可以被看成是一种“再读行为”，学习者在实验过程中会重读之前看过的内容，而这种“重读行为”与之后的测试表现有着显著相关，有更多“重读行为”的学习者似乎能够取得更好的成绩。而概念水平的“跟上我”则相当于一种更深层次的注意力形式，学习者需要花费更多的时间和更大的认知努力来“跟上教师”。因此，概念水平的“跟上我”也可以理解为学习者努力在与教师之间维持共同基础。

总的来说，我们利用眼部追踪数据就可以知道当教师在希望学习者注意到什么时，学习者的注视情况并以此来表征学习者的注意力。

· 交互风格

我们也可以通过眼动追踪来了解学习者在线学习的交互风格。研究者、开发者以及教师们非常关注在在线学习中，学习者是怎样利用视频中的内容的，即学习者是怎样和视频内容进行交互的[4]。

根据对学习者的注视模式的分析，可以推论存在两种在线学习的交互风格，即浏览型（looking at）和核查型（looking thought）。

我们可以通过看电影这个例子来了解这两种类型。

浏览型的学习者只是观看显示器上的内容，只投入到呈现给他们的材料当中，就像我们浏览一本杂志一样。

核查型的学习者会“看穿”显示器和教师进行交互，仿佛他们在场一样。学习者的注意点会跟随教师的指示，他们会参与到教师的教学中。

·学习表现

除了传统测验之外，我们可以基于眼动追踪这个新技术来对学习者的学习表现进行评价。新的衡量指标——基于刺激的指标（stimulus-based indicator）便是一种重要方式，它是利用眼部追踪数据来量化学习表现和学习策略的指标[5]。

顾名思义，基于刺激的指标首先要确定“刺激”，这里的刺激依据不同的视频有所不同，是依据视频内容定义的“兴趣区域”（area of interest，AOT），即视频中的重点内容所确定的。所以，只要确定视频的重点内容，我们便可以确定对应的评价指标。在此基础上，我们需要定义以下 3 个相关概念。

“错失兴趣区域”（AOT misses）：即在“兴趣区域”的重点内容呈现的时段，学习者完全没有注意到。

“回溯兴趣区域”（AOT backtracks）：即出现一次不是通常正向阅读方向的眼跳，学习者的注视点突然跳到通常正向阅读方向之外的兴趣区域，即学习者注意之前的重要内容，用以表征学习者的重复阅读行为。

“注意点”（Attention point）：利用热力图展示出学习者在一定时间段中的注意力区域。

对于眼动和学习表现关系的研究发现，表现良好的学习者有更少的“错失兴趣区域”和更多的“回溯兴趣区域”；具有深度学习策略且表现良好的学习者的平均注意点区域会大于浅层学习策略且表现不好的学习者。

这种基于眼部追踪数据衡量学习者表现的评价方式对于在线学习来说是十分重要的。因为在网络学习中不同的学习者学习目的不一样，或是为了取得成绩和文凭，或是为了提升知识水平，拓宽视野。在这种情况下，单纯的测验成绩非常片面，而这种新的评价方法针对多样化的视频内容和多样化的学习者都具有相对标准的衡量方式，同时更侧重评价整个学习过程而非仅关注学习结果。这一方面有助于研究者和教师了解学习者，另一方面这些数据可以为学习者提供关于他们学习行为的反馈报告，提醒学习者注意自己平常未注意的行为。

（二）心率追踪数据

☆ 心率追踪是什么？

智能手环是智能穿戴设备中最广为人知和最实用的设备。越来越多的人利用智能手环来监测自己的身体状态，心率追踪是其中最为重要的一个方面。

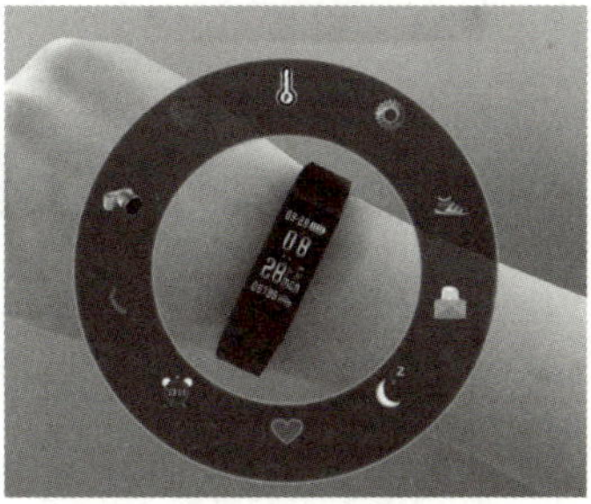
智能手环设备

心率追踪指的是长时间对心率进行准确的监测。这种追踪不仅有助于监测个人的身体健康状况，同时有助于诊断疾病。随着可以监测心率的设备越来越便捷，价格越来越低廉，正如利用眼部追踪数据可以了解学习者一样，研究者们开始尝试利用学习者在学习 MOOC 过程中的心率数据来了解学习者。

☆ 利用心率追踪我们发现了什么？

在一项 24 人参与的研究中，研究者发现从学习者身上提取的心率可用于预测他们在 MOOC 学习过程中的“心智游移”状态（即学习者的“走神”行为），以及他们在后续测验中的表现。

提取学习者的心率特征，然后把这些特征与表征学习者心智游移的数据和后续测验数据进行比较分析，可以分析出某些心率特征与学习者的心智游移状态和测验成绩是相关的。

（三）其他数据

除了心率和眼动追踪数据之外，还有其他的生理数据和测量技术。例如，近红外光谱技术、脑电图技术等。

· 功能性近红外光谱技术

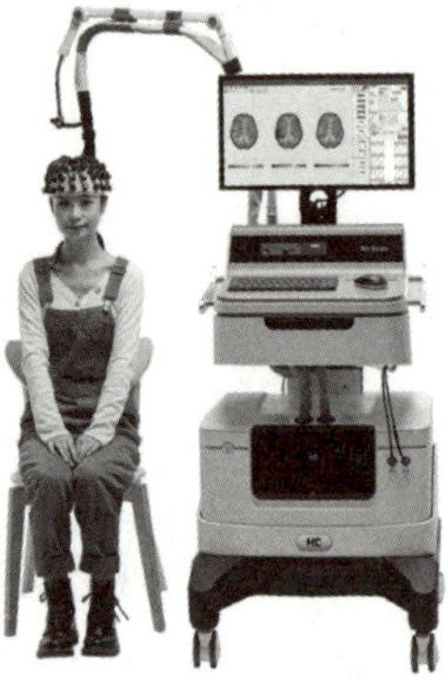

功能性近红外光谱技术

这是一种利用近红外光的脑功能成像技术。它是基于大脑神经活动会导致局部的血流动力学变化的原理工作的。它主要利用脑组织中的氧合血红蛋白和脱氧血红蛋白对不同波长的近红外光吸收率的差异性，来实时监测大脑皮质的血流动力学活动。通过观测这种血流动力学变化可以推出大脑的神经活动情况。

· 脑电图技术

脑电波指的是大脑活动过程中的电波变化。大脑在活动过程中，大量的神经元会产生电生理活动，造成电波变化，而脑电图则可以通过一定的技术来放大这种电波变化并且记录下来。

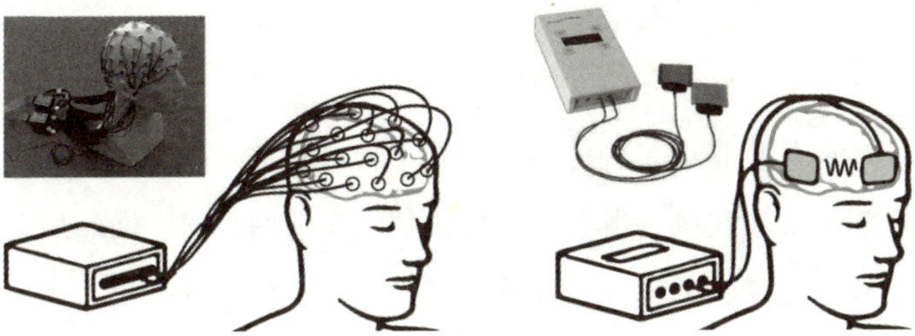

脑电图设备

以上关于生理数据和技术的介绍比较浅显，如果想要深入了解相应的技术，可以根据所需寻求专业资料进行系统学习。

当然除了这些技术之外，还有许多其他的可以运用于在线学习的数据收集技术，并且随着科技的发展，关于生理数据的方法和研究也将越来越多。

（四）生理数据与在线学习

在前面我们介绍了很多的生理数据类型以及相应的数据收集方式。那么你可能会疑惑，通过这些方式收集到的数据对于你来说有什么用呢?

如果你是一名在线教学研究者，那么这些技术和数据可以为你提供一些新的途径来了解在线学习者，解决现有的在线教学问题，以此来提升现有的在线教学质量。例如，可以基于眼动追踪研究来改善在线教学平台界面的设计以更好地吸引学习者的注意力。又或许，你是一名在线教学实践者，不要觉得这种生理数据与你无关。关注一些基于新技术的前沿教育科学研究有利于你更加了解学习者的学习过程，并且将理论性的教学知识更加高效地内化为自己的有效在线教学行为。

二、后台数据

（一）后台数据是什么？

后台数据指的是各种数字学习平台收集的数据。它不需要通过外部设备来获取，当学习者打开某个学习网站时，网站后台就已经开始记录关于学习者的数据了。每一次鼠标的点击，每一次观看的时间，每一次测试的正确率等数据都被详细地记录下来，并且以特定的格式被储存在平台的数据库中。相较于在一定的研究设计下收集的生理数据，这些后台数据都是学习者在真实自然的学习情境下产生的，也有利于了解学习者个体。

☆ 数据分类

就核心数据而言，可以将后台数据分为个体数据和课程数据，即围绕学习者个体的数据和围绕课程的数据。

· 个体数据

围绕个体的数据包括学习者的信息数据（个人信息、地域信息等）和学习数据（不同课程的学习时间、各个课程模块的访问次数、发表的评论等）。个人信息是指学习者的性别、年龄、学历等，地域信息是指学习者的注册/登入地浏览信息。

· 课程数据

围绕某个课程的数据是指针对某一特定课程的数据。例如，课程的净注册人数（总注册人数、注册时间、退课人数），课程完成人数（总成绩达标人数、成绩区间段分布、每道题的分数分布），讨论区数据（讨论区模块的访问、发帖量、回帖）。

以上数据的分类其实是非常概括化的，不同平台的数据包含的内容不一样，是纷繁复杂的。我们可以通过直播学习平台钉钉和录制课程平台中国大学 MOOC 来了解后台数据是什么样的。

【案例分析 1：钉钉】

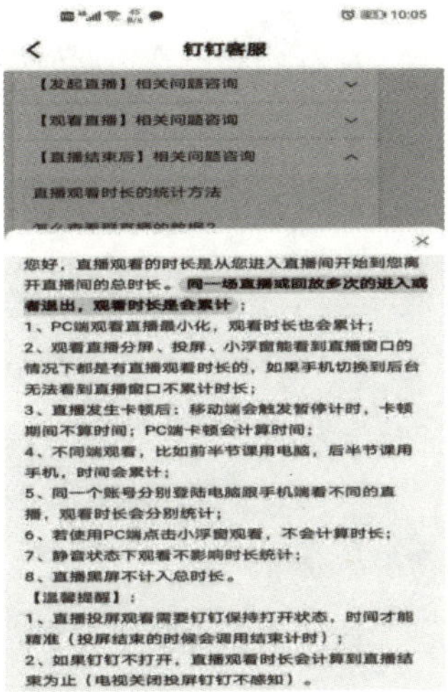

钉钉直播课程是相对封闭的，因为它的直播功能是面向班级群直播的，一般是线下课堂里相互熟悉的同学一起上课。而在这里个人信息数据其实不那么重要，因为他们都是你的课堂学生，你已经了解他们的性别、年龄等各种信息。

钉钉课程数据主要是针对某节直播课的数据，课程数据包括该堂课的直播时长、观看和未观看的人数以及每个学生的观看直播的时长和回放直播的时长。

钉钉直播个人数据的意义在于了解个体学习情况。如果个体出于学习态度或者其他特殊原因没有参加直播课程，没有参与课程学习。这就说明存在一些问题，需要对其进行一定的干预。

【案例分析 2：中国大学 MOOC】

相对而言，中国大学 MOOC 是非常开放的，它的课程面向所有人，学习者可以在课程开放的时间内随时随地观看，因为它的视频是已经录制好的。而且它的数据不仅是面向教学者，更是面向平台管理者和教学设计者。

MOOC 平台的数据是针对某个课程的数据，它比较全面也更加复杂，主要包括四类数据。

课程趋势：在不同时间的课程选课人数、退选人数以及收藏人数等。

课时 / 测验 / 作业：包括不同课时的每日观看人数、文档浏览人数、随堂测验、随堂讨论参与的人数等。

讨论区：可以了解讨论区的参与人数、回复人数以及活跃参与讨论的学习者。

成绩 / 考核：课堂测验、期末测验等的参与人数、合格人数和平均分等。

中国大学 MOOC 的数据主要针对的是教学者的某一门课程的数据，我们可以通过了解课程的相应数据来对课程设计进行调整，以提高教学质量、吸引学习者参与和学习。

☆ 数据获得

关于如何获得后台数据，不同平台有不同的获取办法，可以咨询平台的官方客服来了解获取数据的途径。

（二）后台数据如何分析?

对后台数据进行分析的目的是为了给教学者提供反馈、了解和预测学习者的行为、改进教学系统等。

☆ 数据分析模式

对后台数据分析的一般模式是按照以往的研究或者研究者的

经验，定义出可以用后台数据表征的“行为”，然后利用各种方法对这些“行为”进行分析，从而得出相关的研究结论。

·学习者如何与视频进行交互

在线教学中视频课程是最重要的组成内容。视频课程中的概念讲解、内容安排和呈现形式不仅能指导学习者顺利完成课程任务，也能够促进他们在论坛上进行讨论，提高学习的参与度。

我们可以通过学习者在网络学习中有关观看视频的点击数据来了解其与视频的交互行为及对应的认知状态。

首先我们要对数据进行“概念化”。对数据进行概念化的准确程度，决定了我们可以多大程度上利用这些数据理解学习者真实的学习行为。有研究者对学习者在视频中的点击数据进行研究后，将其进行了 3 个层面上的概念化[6]。

第一个层面是操作层面上的概念化，对原始的点击数据进行分析。把学习者的点击操作归为 8 类：播放、暂停、向前寻找、向后寻找、向前滚动、向后滚动、快速播放、慢速播放。之后根据一定的数据计算规则把这 8 类操作组合之后与特定行为进行联系，最后定义出 7 种不同的行为：分别是重看、跳跃、快速观看、慢速观看、厘清内容、核对参考资料、改变播放速度。注意同种行为下可能包括多组操作，即多类点击操作。

第二个层面的概念化是按照规则得出一个概括性的点击流矢量。例如看重 = 高；跳跃 = 高；快速观看 = 低……具体操作如下：首先将学习者在观看学习视频中产生的点击数据与定义好的行为概念进行“模糊匹配”，并且，根据特定的算法为得出的概念赋予不同的权重，如下表所示。

不同行为的权重分配

行为	权重分配
厘清概念	3
慢速观看	2
重新观看	1
改变播放速度	0
核对参考资料	-1
快速观看	-2
跳跃	-3

第三个层面的概念化是信息处理层面的概念化。其基本假设是学习者的信息加工过程会反映在他们的点击数据上，因此反过来，点击数据可以反映出他们的信息加工过程。基于“有限能力信息处理方式”的假设（人们总是自主分配自身有限的认知资源），研究者把第一层面和第二层面定义的概念与学习者的信息处理过程相联系，如下表所示。

学习者的信息处理过程

1	理解困难—向后寻找、向后滚动、改变速率—重新观看、厘清概念、慢速观看
2	简单 / 无聊 / 不感兴趣或者简单理解—向后寻找、向前滚动、改变播放速度—跳跃、快速观看
3	清楚地回忆需要的事实—先后寻找—核对参考资料
4	教学太慢或者太快—快速播放、慢速播放—改变播放速度

最后通过对学习者的原始点击数据进行 3 个层面的量化得出一个信息处理指数。这个数值反映的是学习者在学习的过程中信

息处理的程度。比如，如果信息处理指数大于 0，那么可以推测出学习者的信息处理处于一个比较高的水平，认知消耗较高；反之，如果信息处理指数小于 0，那么可以推测出学习的信息处理处于一个比较低的水平，认知消耗较低。

在个体层面上，教师可以根据学习者的信息处理指数值采取及时的干预措施。例如，为信息处理水平高的学习者提供辅助资料；在群体层面上，如果观看某个视频的所有学习者的信息处理指数值普遍大于 0 或者小于 0，那么教学设计者就应该考虑是否需要调整这个视频的难度，以更好地适应学习者的学习。

（三）后台数据与在线学习

后台数据对于在线教学来说具有独特而重要的价值，可以说二者是不可分割的。

对于在线教学平台方来说，利用平台积累的大量关于学习者的数据，有利于改善平台的设计、教学管理和评价方式等，以便提升学习者在平台上的在线学习体验，提高学习质量。

而对于在线教学者来说，可以通过对自己课程数据的分析或者基于已有关于在线教学数据的分析，来针对性地提升自己的教学质量、改善课程设计。比如说，将每节视频课程的时间控制在一定范围内；依据学习者的相关数据调整课程难度和课时分配等。

第二节　如何利用？

对于数据的收集和分析，最终的目的都是为了利用这些数据为教学提供帮助。无论是从宏观层面上面针对整个教学领域，还是从微观层面上面针对某个课程、某些学习者；无论是在学术研究领域还是在教学实践领域，数据都发挥着且应该发挥着重要的作用。

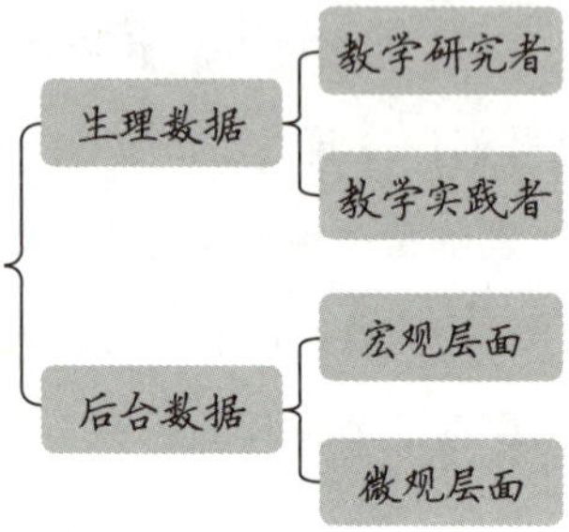

需要收集的数据图

针对第一节所说的生理数据，我们在前面也提到无论是作为教学实践者还是教学研究者，大多是通过对生理数据的分析来研究在线教学实践中的学习者的学习规律，利用规律提升学习者的学习状态。

而对于第二类后台数据分析的利用，主要包括两个层面，即宏观层面及微观层面。

· 宏观层面

对于教育领域积累的大量课程的后台数据进行教育数据挖掘和学习分析是两个重要的教育研究领域。“教育数据挖掘共同体”(the educational data mining community)对教育数据挖掘的定义为：教育数据挖掘是开发一系列方法以处理教育环境下产生的独特而大规模的数据，并用这些方法来理解学习者以及他们所处学习的环境。而“学习分析协会”（society for learning analytics）对学习分析的定义则是：学习分析是为了理解和促进学习以及学习环境而对学习者和环境的数据进行测量、收集、分析和报告。

这两个研究领域对教育数据的研究主要集中在数据的分析和可视化、为教学者提供反馈、推荐系统、预测学习者的行为、学习者建模、发现学习者的偏差行为[7]。

· 微观层面

对于某个在线课程的后台数据进行分析，包括对课程设计、课程资源、评价方式等相关数据的分析，以对该课程做出针对性的改善。除此之外，也可以利用宏观层面的研究结果来针对课程做出改进设计。

对于后台数据的分析要求个体学习和掌握一定的统计分析技术和理论，或者利用专门化的软件或人才来提供便利。

在本节内容中，主要介绍的是对于后台数据的利用，并且因为不同课程具有特殊性，我们提供的是比较概括的方法和案例以供参考。

一、利用数据为学习者提供支持

在线教学中关于学习者相当重要的两个问题是学习者的辍学问题以及学习者学习参与度问题。我们将通过一些研究来了解数据分析是如何对支持学习者起作用的。

（一）预测学习者的辍学率

☆ 相关研究

在线教学中一个十分重要的问题就是辍学率高。我们期待学习者能够按照教学设计坚持完成整个课程或者大部分课程，但各种因素（如缺少时间、自制力差或不满意）可能导致他们脱离教学计划，甚至完全退出。

因此，如果要有效降低辍学率，首先应当能够识别出导致学习者辍学的风险因素，然后针对这些因素进行有效的干预，从而使学习者顺利完成课程。然而，干预机制需要有能够准确预测影响辍学率的风险因素作为前提条件，并且干预措施要提前到足以提供及时的帮助。因此，应该通过学习者留下的实时数据，预测他们是否存在辍学的风险，来为学习者提供足够的支持。为了对学习者进行干预需要使用有效的辍学率预测模型，首先需要思考下图中的两个问题。

从学习者产生的行为数据中抽取出那些辍学者的活动特征是预测辍学风险的一种手段。美国斯坦福大学 Sherif Halawa 等人的研究采用了 4 个学习者活动特征来预测学习者的辍学率[8]。

跳跃——学习者在先前的学习单元中是否跳过一些视频？

任务跳跃——学习者是否跳过了一些任务？

延迟——学习者是否有超过两周的时间没有在平台上进行学习？

测验表现——学习者的测试表现是否在测试分数的 50% 以上？

通过后台的数据，可以对以上学习者的行为特征进行量化，并基于这些特征数据来建立模型对学习者的辍学率进行预测。

而美国卡耐基梅隆大学 Diyi Yang 等人的研究则使用社交网络分析技术来研究学习者参与 MOOC 论坛的行为和其在论坛中社交网络的位置，基于此预测了学习者辍学风险的几个重要因素[9]。对于有强烈学习动机、想要完成课程的学习者，他们更倾向于向同伴或者教师寻求帮助，因此，他们更可能参与论坛中的讨论。

在这样的研究假设下，研究者们定义了两类变量。

第一类变量：根据学习者开始进入课程的时间将学习者分为不同“组”。课程开始后一周内参加课程的学习者为“组 1”；第二周参加的学习者为“组 2”，以此类推。

第二类变量：论坛内的行为变量。“楼主”，即学习者是否在特定的一周内发布一个帖子；“子楼主”，指学习者是否在特定的一周内发布了一个子帖子；“帖子持续时间”，指的是当前星期的第一篇帖子和最后一篇帖子之间的时间差。

对第一类变量的分析表明，随着组别数字的增大，后面组的学习者流失比前面组的学习者流失数量渐增，也就是说，越早参加课程的学习者越有可能坚持完成所有课程，而越晚参加课程的学习者，则更有可能辍学。

在第二类变量当中，只有“帖子持续时间”这一变量可以预测学习者的辍学风险。即如果一个学习者在整个课程学习期间发布的第一篇帖子和最后一篇帖子的时间差越长，那么这个学习者就更不可能辍学。

☆ 实践意义

通过对这些研究结果的分析，我们可以对某个课程的数据进行分析，以此为我们的学习者提供支持。

利用数据为学习者提供支持的第一步在于识别，我们需要识别可能存在学习困难的学习者。以上述研究为例，我们可以基于模型找出那些具有较多跳跃、延迟和测验表现较差这些活动特征的学习者，或者那些较晚参与课程的学习者，我们可以初步判断这些人更可能存在辍学风险。

在通过各种方式预测了学习者的辍学率之后，更重要的是针对个体或者群体做出干预。

· 针对个体

发送课程提醒通知；提供额外的辅导资料；推荐能提供帮助的其他学习者；发送一封鼓励的邮件等。

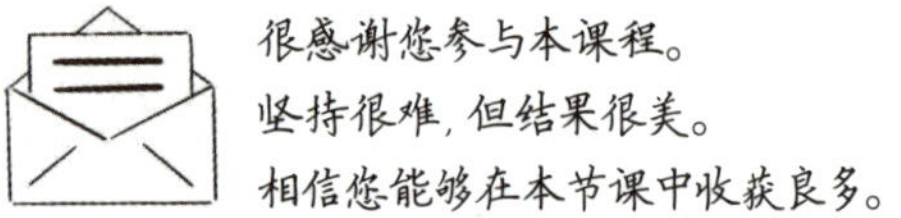

· 针对课程或平台设计

我们可以去识别那些可能使学习者产生学习困难的因素，并对其进行改进。例如，课程视频太长、内容过于困难或无聊等。

（二）提高学习者的参与

☆ 相关研究

有研究者通过问卷调查发现，时间、节奏、难度、隐藏的花销、无法参与课程中等问题是影响学习者在线学习中辍学的主要因素。他们认为 MOOC 平台可以通过为用户提供支持时间管理和元认知技能开发的工具来改进他们的模式。

从平台设计角度出发，美国麻省理工学院研究者 Philip J. Guo

等人对后台数据进行分析后发现，视频的设计能够影响学习者的参与度[10]。研究者利用后台数据，把不同时长、语速、类型、风格的视频下学习者对视频的暂停、播放操作以及观看时长等数据进行分析，发现了如下情况：

· 短视频更能提高学习者的参与度。

· 能提供更多个人感受的视频比提供高保真度的视频更吸引人。

· 语速快、有激情的教学者的视频更能提高学习者的参与。

美国得克萨斯州大学达拉斯分校 Anant Vaibhav 等人提出了“游戏化”作为提高学习者参与的一种手段[11]。游戏化是指在非游戏环境中使用游戏设计元素。研究者设置了一个实验环境来比较游戏化学习方法和传统学习方法。结果发现如果学习平台被游戏化，它不仅大大增加了用户的注册量，而且在整个课程中增加了用户的参与度，游戏化能使学习成为一种独特且有趣的体验。

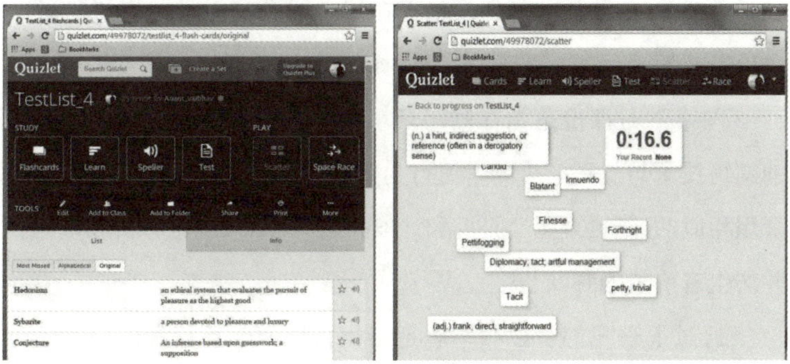

游戏化学习界面

☆ 实践意义

无论是作为课程的设计方还是平台的管理方，都可以从相关研究成果吸取经验，改善在线教学环境和在线课程质量。以上述研究为例，我们可以实践的内容有：

· 将每节课的录制视频时长控制在 10 分钟左右。

· 在视频课程中用跌宕起伏的语气讲述知识，而非念稿。

· 在课程设计中加入游戏元素，进行同伴竞争和合作等。

二、基于数据的评价结果的利用

☆ 网络学习评价

· 什么是网络学习评价？

学习评价是教学过程中必不可少的一个环节，它所要回答的问题是“个体的表现如何？”[12] 它可以帮助学习者认清自己、监测发展过程及问题，也可以评估学习效果、提供改进标准。它不仅发生在教学过程结束之后，也贯穿整个教学过程。

由于网络学习环境的异步性、跨时空的特点，教师有时难以捕捉到学习者的行为表现，这不利于判断学习者的学习成效。在教学评价章节我们也提到，基于在线学习数据对学习者进行教学评价是教学过程的重要部分，也对网络教学质量产生重要影响。

网络学习评价是指在网络环境中，按照教学目标的要求，借助网络技术与工具产生的学习行为数据，如点击数、评论的内容等，采用相应的评价方法，对网络教学过程及其结果进行分析和把控，并产生有价值的判断[13]。

通过下表我们可以很清晰地看出传统教学评价和网络教学评价的区别。

传统教学评价和网络教学评价的区别

传统教学评价	网络教学评价
重点关注学习结果	关注过程和结果
主观评判学习过程	客观记录学习行为
反映全体的学习结果	反映个体的整体学习情况

借助于信息技术和通信技术的发展，学习者的在线学习过程情况能够被计算机转化为数据记录并存储起来，计算机可以对这些数据进行处理和分析。

在线学习评价实现了动态评价，可以作为教学指导的依据，为学习者提供个性化的教学指导，实时规划学习路线，注重学习者之间的差异化，实现因材施教，产生给学习者提供相应的学习环境，让他们自己在学习中发现和总结，最终解决问题的学习方式。

· 基于数据

在网络学习评价中，学习过程中导致结果产生的因素与学习结果构成了“数据 + 证据”[14]，不仅可以帮助教师全方位地评判学习者的学习成效，也可以帮助教师及时调整教学策略，提高教学效率。

在线学习平台中，随堂测验、单元测验、单元作业、参与讨论、课件浏览、期末考试、作业和其他是获取教育数据的来源[15]，其中单元测验、参与讨论和期末考试为数据获取的重点。

然而，在搜集学习数据使其可视化的过程中，我们会遇到数据质量问题。当前在线学习数据质量水平比较低，数据中存在较多缺失值，甚至会有异常值等情况[16]。我们在整理、分析数据之前，要及时发现数据质量存在的问题，对数据进行有效清洗。之后再对有效数据进行整理和分析，找出教学问题的关键所在，了解学习者学习过程中的真实状态，监测学习者的具体表现并预测学习者的未来学习趋势。

美国普渡大学的“课程信号灯”项目是基于数据的在线评价最为典型的案例[17]。“课程信号灯”系统主要是基于学习者成功算法（SSA）进行工作的。该系统采集和计算学习者的课程表现、努力程度、前期学业情况和学习者特征等数据，并分析和预测学习者的学习行为。预测结果会通过红、黄、绿颜色的信号灯形式传递到学习者的学习页面和教师的课程控制面板中。学习者根据信号灯的颜色了解当前的学习状态。教师会根据信号显示情况，通过发送电子邮件、短信等方法对学习者的学习进行干预，促进学习者在课程学习中的学习主观能动性，自主完成课程学习。

基于数据的在线评价系统

· 数据的利用

提供网络学习环境的平台方要能够实现对学习全过程数据的采集，并且能够利用在线学习数据探索多样的教学模式；解决当前存在的程序化教学这一单一教学模式[18]，进行深度的学习和教学规律研究，实现教育教学创新。

计算机实时记录学习者的学习路径和学习行为。按照一定的教学目标对任意一位学习者在一段学习过程的数据进行抽取、分析和评价，计算机得到学习者在这段学习过程的价值评判，根据评判结果与教学目标之间的差距，发现学习者在学习中无法解决的问题，并根据学习者的学习行为分析出现问题的原因，及时反馈给教师。

教师可以根据学习者的当前学习状态，准确了解学习者的学习偏好、难点并对学习者进行个性化指导。这要求教师提高自身信息素养，掌握网络时代的教学新理念和技能。

· 伦理问题

在线学习与传统学习的方式不同，教学者很难从传统的眼光进行分析和改进教学。基于数据分析的方法将大量的学习数据进行分析后，能够比较客观地得到学习者在学习过程中一些因素之间的联系，进而更好地促进学习。

但是，基于数据对学习行为进行评价，为教育教学提供高效服务的同时，也存在一些负面效应。如存在于不同系统中的数据一经汇总与整合，相互验证，则会完整追踪一个人的学习、生活全景，使个人隐私完全透明化。其次，数据承载一个人过往的学习记录，过往的个人数据可能成为他入学或求职时的评估依据，并为当事人贴上具有某种暗示意味的“电子标签”[19]。

由此可见，数据在对学习者进行个性化、精确化教学的促进方面具有潜力，但也应该建立数据采集标准，使用和公开规范，来保护学习者和教师的隐私和信息安全。

拓展阅读

在线教学者

对于在诸如 bilibili 平台、抖音短视频、小红书等娱乐型平台上发布教学或者科普短视频的“在线教师”来说，他们所能利用的数据则更加单一，并且由于教学目的的多样性：有的是为了分享知识，有的是为了获取流量，所以他们对于数据的重视程度也各不一样。

能使他们直观地了解自己某个视频的数据主要是视频的播放量（包括点赞量、收藏量等等）以及评论区的留言，而让他们能够了解自己的主要是关注量和私信内容等。

不同数据代表的评价维度是不一样的。播放量代表着教学内容的传播范围；而点赞量代表学习者对学习内容的赞同和肯定；收藏量则代表学习者对于视频内容质量的肯定以及深入学习的意愿课程；评论的文本内容则是针对课程更加细致的建议。在线教师个体的关注量等数据可以代表个体的网络教学声望。

作为在线教师，可以运用一些更加简单便利的方法，基于经验来快速了解自己的课程质量和面向的群体，以此来改善教学。

本章小结

本章主要从网络教学独特的伴生物——数据来了解在线教学。

首先，我们了解了在线教学中产生的且十分重要的关于学习者的两类数据，即生理数据和后台数据。我们可以通过外部设备来收集学习者的眼动、心率、脑电的数据，了解其学习状态，或者依据学习平台自动收集的关于学习者或课程的后台数据，改进教学和促进学习者学习。

其次，我们介绍了作为教学者和研究者或是作为平台设计者和教学管理者的个体，如何利用这些学习数据发展在线教学，并且在利用数据的过程中要注意伦理问题。

参考资料

[1] 阎国利．眼动分析法在广告心理学研究中的应用 [J]. 心理科学进展 ,1999,17(004):50−53.

[2] 闫国利．眼动研究心理学导论 [M]. 北京：科学出版社 ,2012.

[3]Sharma K., Jermann, P., & Dillenbourg, P. "With-Me-Ness": A gaze-measure for students' attention in MOOCs[C]. In Proceedings of International Conference of the Learning Sciences(p. 1017–1022). Boulder, CO: International Society of the Learning Sciences, 2014.

[4]Sharma, K., Caballero, D., Verma, H., Jermann, P., & Dillenbourg, P. Looking AT versus Looking THROUGH: A Dual Eye-Tracking Study in MOOC Context[C]. Lindwall, O., Häkkinen, P., Koschman, T. Tchounikine, P. Ludvigsen, S. (Eds.). Exploring the Material Conditions of Learning: The Computer Supported Collaborative Learning (CSCL) Conference 2015. Gothenburg, Sweden: The International Society of the Learning Sciences, 2015.

[5]Sharma, K., Jermann, P., & Dillenbourg, P. How Students Learn

using MOOCs: An Eye-tracking Insight[C]. In Proceedings of the European MOOC Stakeholder Summit 2014: 147–154, 2014.

[6]Sinha, T., Jermann, P., Li, N., & Dillenbourg, P. Your click decides your fate: Inferring Information Processing and Attrition Behavior from MOOC Video Clickstream Interactions (pp. 3–14)[M]. Association for Computational Linguistics (ACL), 2015.

[7]Papamitsiou, Z., & Economides, A. A. Educational data mining and learning analytics for 21st century higher education: A review and synthesis[J]. Telematics and Informatics, 2014, 37: 13–49.

[8]Halawa, S., Greene, D., Mitchell, J. Dropout prediction in MOOCs using learner activity features[C]. Experiences and Best Practices in and Around MOOCs (pp. 3–12), 2014.

[9]Yang, D., Sinha, T., Adamson, D., & Rose, C. "Turn on, Tune in, Drop out": Anticipating student dropouts in Massive Open Online Courses[C]. In Proceedings of the NIPS Workshop on Data Driven Education (pp. 1–8), 2013.

[10]Guo, P. J., Kim, J., & Rubin, R. How video production affects student engagement: An empirical study of MOOC videos[C]. In L@S 2014 - Proceedings of the 1st ACM Conference on Learning at Scale (pp. 41–50). Association for Computing Machinery, 2014.

[11]Vaibhav, A., & Gupta, P. Gamification of MOOCs for increasing user engagement[C]. International Conference on MOOC, Innovation and Technology in Education (MITE) (pp. 290–295). Patiala, India: IEEE, 2015.

[12] 莫雷 . 教育心理学 [M]. 北京：教育科学出版社 , 2007.

[13] 谢幼如，尹睿．网络教学设计与评价 [M]. 北京：北京师范大学出版社，2016.

[14] 余胜泉，吴斓．证据导向的 STEM 教学模式研究 [J]. 现代远程教育研究，2019, 31 (05): 20−31.

[15] 赵宏，郑勤华，陈丽．中国 MOOCs 建设与发展研究：现状与反思 [J]. 中国远程教育，2017, (011): 55−62.

[16] 郑勤华，陈耀华，孙洪涛．基于学习分析的在线学习测评建模与应用：学习者综合评价参考模型研究 [J]. 电化教育研究，2016, 037 (009): 33−40.

[17] 韩锡斌，程璐楠，程建钢．MOOCs 的教育学视角分析与设计 [J]. 电化教育研究，2014, 035(001): 45−51.

[18] 张燕南，赵中建．大数据教育应用的伦理思考 [J]. 全球教育展望，2016, 45(1): 28−29.

第七章
在线教学理论和展望

针对从教学准备、课程设计、教学管理到教学评价的在线教学全过程,我们在前文中都进行了详细的介绍,并且提出了相应的建议。

但在前面的内容中，我们更多探讨的是“是什么”和“怎么做”，因为我们想要本书具有更多的实操性。不得不提的是，在二者中间一个重要的连接点是“为什么”。只有知道“是什么”之后，我们才能去理解“为什么”；只有理解了“为什么”之后，我们才能更好地知道“怎么做”。

是什么—为什么—怎么做

What　　Why　　How

这里的“为什么”是指关于在线教学的一些理论。抽象概括的理论是基于经验形成的，也将指导于经验的积累。理论指导我们从一个更高层次的认知层次上去理解教与学，也只有这样，我们才能在实践层次上实现更好的教学。

本章将从教育心理学和信息化发展两个角度出发，对有关在线教学的理论进行系统的阐述，以为读者能更好地利用在线教学奠定基础。同时，对在线教学发展的不足以及未来发展的趋势，也进行了简单介绍。

第一节　理论拓展

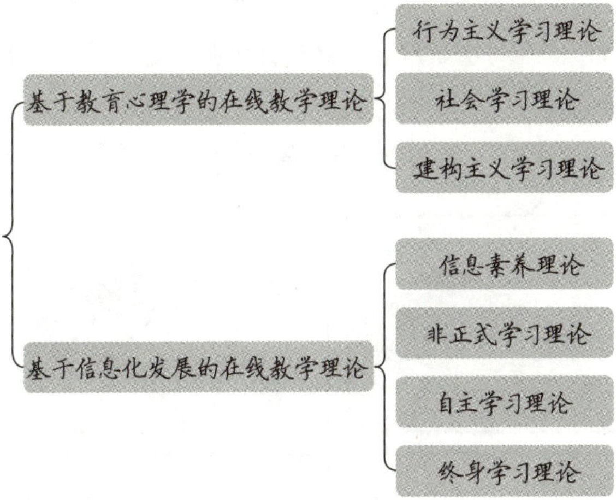

在线教学理论拓展

一、基于教育心理学的在线教学理论

虽然在线教学在授课方式、课程设计与师生交互等方面与传统课程存在一些区别，但究其本质也是一种教学过程。因此在基于传统的教育模式而发展起来的教育心理学中，一些经典的理论也可作为在线教学的理论基础。

（一）行为主义学习理论

行为主义者认为个体的学习是一种刺激—反应的联结。刺激是环境，而反应是个体的行为。行为主义学习理论是基于对动物习得性行为的研究提出的。“巴甫洛夫的狗”“斯金纳的小白鼠”等实验都是行为主义的基础。

· 经典条件作用

“巴甫洛夫的狗”是行为主义的一个经典实验。该实验分为四个阶段：①给狗呈现食物（无条件刺激），狗会分泌唾液（无条件反应）；②给狗听一段铃声（中性刺激），狗没有反应，不会分泌唾液；③在每次呈现食物之前让狗听到这段铃声，狗看到食物会分泌唾液；④让狗听见铃声但并不呈现食物，狗仍然分泌出唾液（条件反应），而铃声就成为条件刺激。

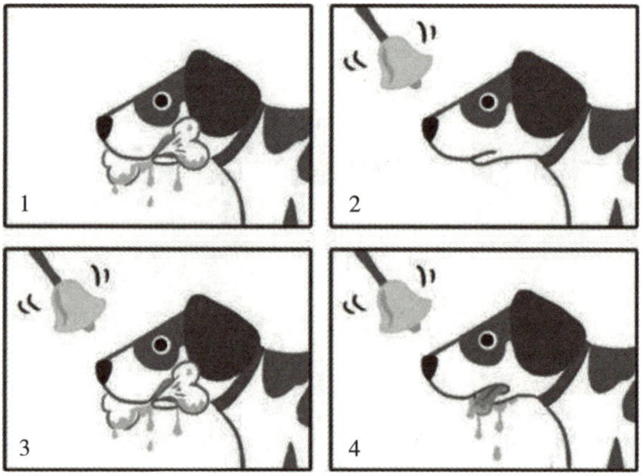

“巴甫洛夫的狗”经典实验

基于这个实验，巴甫洛夫提出了经典条件作用理论。经典条件作用就是指将一个不能引起某个反应的中性刺激与可以引起这个反应的无条件刺激进行多次匹配，从而使个体习得对中性刺激也能做出反应的过程。

华生基于巴甫洛夫的经典条件作用，最先提出行为主义学习理论。你可能听过这样一段话：“给我一打健康的婴儿，让我在由我控制的环境中培养他们，无论他们的天分、能力、父母的职业和种族如何，我可以任意地把他们培养成医生、律师、艺术家、商人，甚至是乞丐或盗贼。”这就是华生说的。他认为行为是环境刺激的结果，是通过建立刺激—反应（S–R）联结而形成的。学习也不外乎如此，外部的学习环境或者说学习刺激决定了个体的学习。

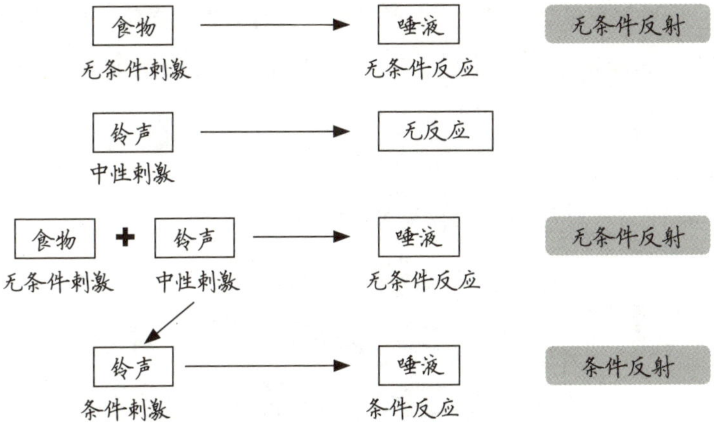

经典条件作用过程

☆ 操作性条件作用

斯金纳通过对白鼠和鸽子的实验提出了操作性条件作用理论。斯金纳发明了一个实验装置叫作“斯金纳箱”，箱内有一个杠杆，杠杆与一个提供食丸的装置相连接，按下杠杆，一颗食丸就会掉落到箱子里。斯金纳把一只饥饿的小白鼠放进箱子里，小白鼠先是随意在箱子里乱窜，偶然按到了杠杆，就得到了一颗食丸，又经过几次尝试，小白鼠就会直接按压杠杆来获得食丸，这就是操作性条件作用。

操作性条件作用是“操作—强化”的过程，如果个体的某个反应得到了强化，那么个体就会将强化与反应相联结，进而更多地表现出该反应。操作性条件作用的重要手段就是强化，强化物是指能够增加反应发生概率的行为结果，而这个过程就叫强化。

学习者在网络学习中的学习行为受到强化的影响，促进学习的关键是要选对强化物。

强化程序是指以什么时间和频次对行为进行强化，分为连续强化、定时强化、定比强化、不定时强化和不定比强化，如下图所示。

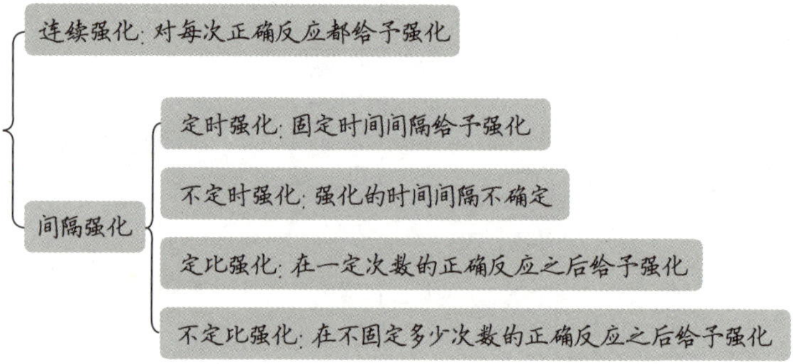

强化程序分析图

斯金纳还提出可以通过小步的强化最终达成目标行为，即行为的塑造。使用的方法是连续接近，也就是将目标行为分成许多小步，当学习者表现出趋近目标行为的反应就给予强化，并逐渐提高要求，直到将多个反应连贯成一个复杂的行为，新的行为就塑造完成了。

行为主义学习理论对于在线教学的贡献就在于我们可以通过改变外在环境，如在线平台的设计、在线课程的内容等来影响个体的学习行为，并且通过选择合适的强化物来强化在线学习。

（二）社会学习理论

社会学习理论是心理学家班杜拉提出的关于人的社会行为学

习方面的理论。该理论认为人的行为不仅受直接经验的影响，更多的是通过间接经验进行学习。社会学习理论的核心是观察学习。

☆ 什么是观察学习论?

观察学习是指人们可以通过观察他人的行为及行为结果来习得行为。观察学习是一种普遍并且高效的学习方式，因为学习者从直接经验习得知识时需要去自己摸索、尝试错误来得到经验，而观察学习则省去了失误的过程，提高了学习的效率。

· 班杜拉的玩偶实验

我们可以从班杜拉的实验来理解观察学习。他将一群儿童随机分成 3 组，每组儿童都要观看一段视频，视频中是一个成年人正在踢打一个充气娃娃。但 3 组儿童看到的那个成年人的行为结果不同，如下表所示。

班杜拉玩偶实验

第一组	第二组	第三组
那个人得到了奖励	那个人受到了惩罚	那个人既没有得到奖励也没有受到惩罚

看完视频后，研究者把 3 组儿童分别带到有充气娃娃的房间玩耍并观察儿童的行为，结果发现第一组儿童对充气娃娃的攻击行为最多，第二组最少，第三组介于第一组和第二组之间。

3 组儿童都习得了攻击行为却有不一样的表现，这是为什么呢？班杜拉认为观察学习包括注意、保持、动作复现和动机这四个过程。

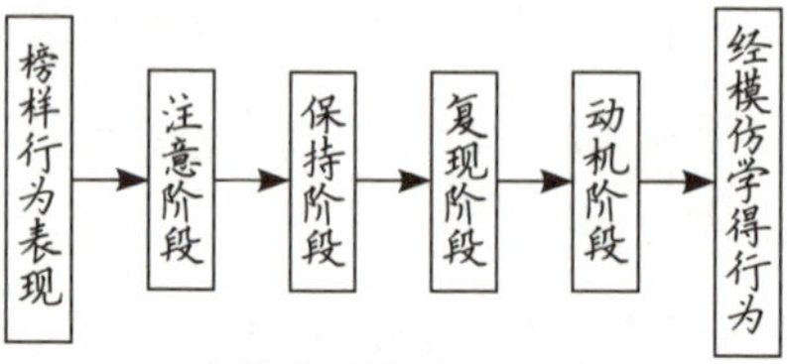

班杜拉观察学习理论

注意过程：指学习者要注意到某些人的某些行为。

保持过程：学习者在头脑中记住这些行为，以便日后能够表现出来。

复现阶段：指学习者表现出观察学习到的行为，同时不断地练习，使行为变得更加熟练。

动机阶段：指学习者是否愿意把习得的行为表现出来，而影响学习者表现意愿的一个因素就是强化，有直接强化、替代强化和自我强化。这三种强化也很容易理解。譬如，同样在评论区发布逻辑图，直接强化是有同学点赞了我的逻辑图，同时老师也表扬了我的逻辑图；替代强化是我发现有人点赞了其他同学发布的逻辑图，老师也表扬了这位同学；而自我强化是我发布了逻辑图后，决定奖励自己一杯奶茶。

而在前文的娃娃实验中，第一组的儿童看到成年人得到了奖励，这个结果对他们就形成了替代强化，激发他们也表现出这种行为；而第二组的儿童虽然也习得了攻击行为，但由于这个行为带来的是不好的结果，因此他们不会表现出来。

· 观察学习与在线教学

在线教学中的观察学习无处不在，学习者一个比较重要的观察对象就是共同学习的同伴。对同伴的观察可能会从以下两种角度影响在线学习。

师生互动：学习者观察到其他学习者无论正确与否都会在讨论区积极参与教师讨论，并且得到了教师的肯定和同伴的赞扬。那么他就更可能克服种种因素尝试参与讨论并发表自己的观点。

同伴互评：这是指学习者依据教师制订的标准对同伴的学习成果进行评价的方式。在同伴互评的过程中，一方面学习者能够看到其他人的作业表现，并将其与自己的作业进行比较，对自己的学习进行评估和反思；另一方面同伴互评让学习者扮演教师的角色，促进其对评价标准的理解与学习，使其进一步把握学习的任务和目标，在之后的学习中能够更加具有针对性地进行学习。

☆ 什么是交互决定论？

社会学习理论还有一个重要的观点叫作交互决定论。交互决定论认为个体、环境和行为是相互影响、彼此联系的，如下图所示。

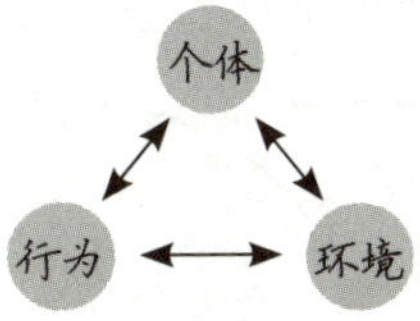

个体、行为与环境的交互关系

不管在线下还是线上的课堂中，当学习者遇到了问题时都希望得到教师和同伴的帮助，这就是一种交互的意识。而在网络教学中教与学在空间上是分离的，且具有延时性，因此学习者会希望获得更多的学习支持服务，进行更多的答疑讨论，可以说教师和同伴在网络学习中具有重要的作用。

（三）建构主义学习理论

☆ 什么是建构主义？

客观主义与建构主义

客观主义	建构主义
认识和学习是一个表征和反映客观现实的过程	认识是一个主动理解和建构个人知识表征的过程

对建构主义的发展做出重要贡献的两位著名的心理学家皮亚杰和维果茨基都提出了主要观点。皮亚杰认为学习是个体的一种自我认知建构的过程；而维果茨基认为学习是一种社会建构，学习者所处的社会文化历史背景在建构过程中具有重要作用。

维果茨基提出的一个重要概念是最近发展区，它在网络教学的内容设计上起了重要的作用。他将人的认知发展分为两个水平，即个体已经达到的认知水平和个体在他人帮助下能够达到的水平也就是潜在发展水平，而两个水平之间的距离就叫作最近发展区。

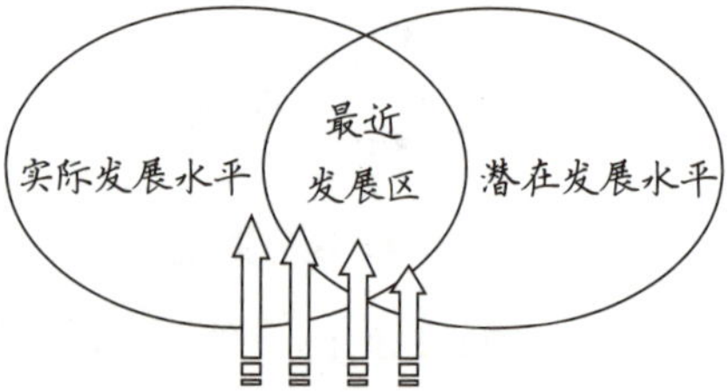

维果茨基的最近发展区

在他人的帮助或者与他人合作下个体能够完成自己无法独立

完成的任务，通过最近发展区将潜在水平变为已有水平，进而向下一个潜在水平靠近，在这个过程中与知识高于自己的人的合作与交流是学习者顺利通过最近发展区的保证。

· 建构主义的学习观

建构主义认为学习是学习者主动建构自己的知识经验的过程，通过新的知识经验与原有的知识经验之间的相互作用来充实和改造自己的知识经验。这种知识建构过程有三个重要特征。

主动建构性：学习者在面对新的信息或问题时，以自己先前的知识经验为基础来对新信息进行加工、分析，形成新的理解。这个过程需要学习者自己付出心理努力，并且是别人无法代替完成的，因此学习者不是被动的知识接受者，而是主动的建构者。

社会互动性：学习过程中需要学习共同体的合作互助，学习共同体成员在学习时相互交流、相互影响，形成一种社会文化。学习不是一个人的事情，需要和他人进行交互。

情境教育

情境性：知识不是抽象的、概括化的内容，而是存在于具体、多变的情境之中，那么学习也应该是实际情境中的活动。

☆ 建构主义与在线教学

首先，学习者是以对他们来说有意义的方式来建构知识的。“一千个人眼中就有一千个哈姆雷特。”这说明了个体并不是仅仅接受知识，而是可以自己来解释这些信息，构建起个体的知识结构。

在线教学中要引导学习者自主去建构他们的知识体系。

其次，新知识的学习要基于对当前已有知识的理解，当前的理解也就是知识背景。在设置课程时要考虑学习者的知识背景和他们的背景差异，并且在线教学的课程要按照特定的顺序进行，后面的课程建立在先前课程知识之上。

再次，社会互动能够促进在线教学。对在线讨论区的有效运用，有利于更全面、深入地教学。

最后，有意义的学习发生在解决真实任务的过程中，也就是情境性学习。在线教学的知识要尽可能与实际相结合，才能使学习者真正地理解知识。

二、基于信息化发展的在线教学理论

（一）信息素养理论

☆ 什么是信息素养？

信息素养的四个方面

信息意识	信息知识	信息能力	信息伦理
人对各种信息的自觉的心理反应，包括对信息的感受力、理解力等	信息知识是有关信息的基本知识，个体知道什么是信息以及怎么去查找信息等	信息能力是顺利完成信息相关活动所必需的，并直接影响信息活动效率的个性心理特征，包括信息理解能力、信息组织能力和信息检索能力等	信息伦理是人们在从事信息活动时所展现的伦理道德

美国图书馆协会认为，具有信息素养的人能够知道何时需要信息，并懂得如何去获取、评价和有效地利用所需要的信息。

研究者认为，信息素养是信息社会中个体成员所具有的信息意识、信息知识、信息能力和信息伦理多个方面的总和，具体内容如前表。

☆ 信息素养与在线教学

在线教学要求教学者和学习者都需要具备一些信息素养。包括但不限于：

在线选择或发布课程的能力。

通过网络进行分享交流的能力。

在网络上查找资料、检索信息的技能。

将信息运用于问题解决的能力。

信息素养在网络教学中是非常重要的，并且在教学过程中的每一次运用都是在提升我们的信息素养。

（二）非正式学习理论

☆ 什么是非正式学习？

非正式学习（Informal Learning）的概念是相对于正式学习的概念来界定的。正式学习是指正规的学校教育，比如九年义务教育、高等教育等和工作之后的继续教育如进修、培训等。非正式学习就是指在其他时间和地点发生的学习活动。

正式学习主要是受外界的影响，是系统的有组织的过程，比如每个人都要接受九年义务教育；而非正式学习更多是学习者的主动行为，学习者根据自身的情况自主选择、有明确目标地进行学习。

无论作为什么身份，非正式学习都是个体知识的重要来源，有研究表明，个体所学知识的一半以上来自非正式学习，而在线教学就是非正式学习的一个重要渠道。

☆ 非正式学习模型

那么非正式学习是怎么发生的，又该怎么解释呢？

我们来了解一个非正式学习模型，该模型由研究者 Marsick 和 Watkins 在 1990 年最先提出，之后经过 Cseh 的修正得到完善[1]。

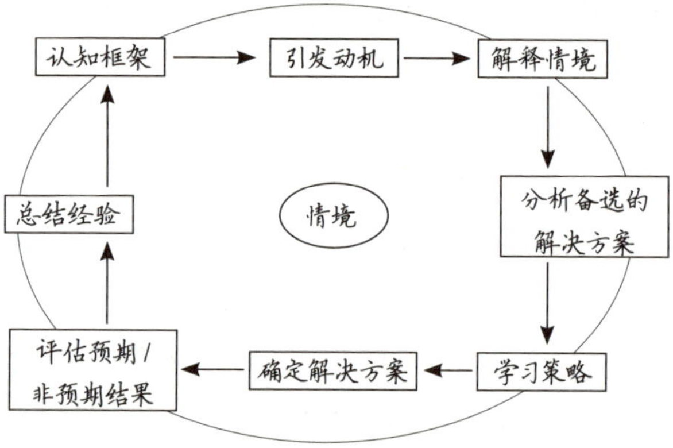

非正式学习模型

中间的小圆代表我们每天的工作和生活环境。学习就是在这些变化着的情境中发生的，每一次新的生活经历都可能带来新的挑战或问题需要我们去解决。外面的大圆表示学习的背景，包括个人的情况、社会、公司和文化背景，这些背景影响着我们如何去解释所处的情境，要做出怎样的选择，采取什么行动和有效地学习。

这个模型描述了非正式学习的过程，虽然排列成一个圆形，但这个过程不一定是按顺序的，比如当对所处的情境有了新的理解时，就会返回去质疑和修正之前的理解。

· 认知框架

学习者在由之前的经验、观念所建构的框架中注意到新的问题和挑战，并且将新情况与之前经验进行对比，发现相似之处和不同之处，真正弄清楚问题的关键。

· 引发动机

通常学习活动要受到内部或外部的刺激才会发生，一般是人们对当前的思维或行为方式不满意的一种状态。

· 解释情境

当面对一个新问题时，学习者首先要对所处的情境进行认知，这些情境有时比较简单，有时比较复杂，可能是一个身边的人，也可能是许多人以及政治或文化的因素。但在社会标准不断发展变化、个人知识也在不断更新的今天，理解一个复杂的情境也是有一定难度的。

· 分析备选方案

对情境的理解决定了我们将采取怎样的行动，而我们过去所使用的方法以及其他可替代的方式也会对我们的行为产生影响。

· 学习策略

是否掌握解决问题的必要技能会影响到问题解决，要求要学习解决问题的策略。

· 确定解决方案

可用资源、学习动机等因素都会影响问题的解决，综合考虑各因素后确定方案。

· 评估结果

采取了行动之后，接下来就要评估结果是否与预期的目标相一致。如果之前我们预先花时间让目标变得明确，那么评估时就会相对容易一些。

· 总结经验

对结果进行评估能让我们总结经验并用于下一次的行动规划，并且这些经验也更新了我们的认知，使我们对事物有了新的理解。

当面对下一个问题时就是在新的认知下进行理解，从而回到了模型中的起点，开始新一轮的非正式学习。

（三）自主学习理论

在影响在线教学高辍学率与低完成率的因素中，有一个很重要的因素就是学习者自主学习能力的高低。我们接下来要介绍的就是自主学习理论。

西方著名教育心理学家Zimmerman认为，当学习者在元认知、动机和行为三个方面都是积极的参与者时，他的学习就是自主的[2]。

☆ 什么是自主学习模型？

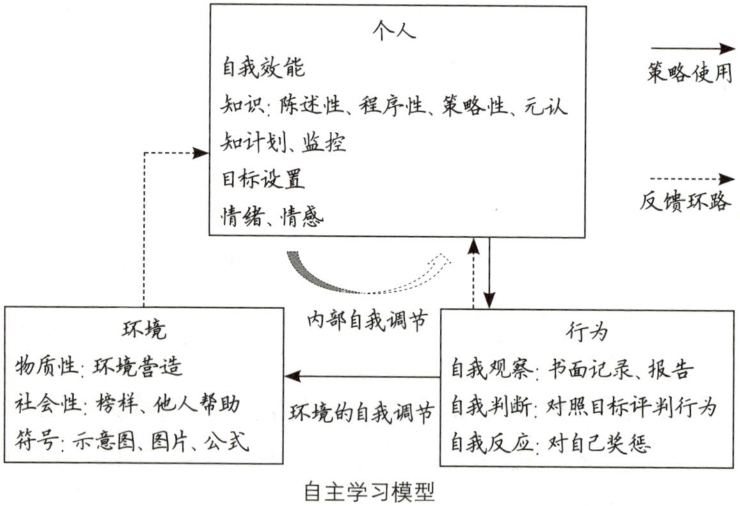

自主学习模型

关于自主学习的过程，Zimmerman教授提出了一个自主学习模型[3]，如前图所示。

Zimmerman 认为自主学习是个人、行为和环境之间的交互作用。自主学习的内部过程分为三个阶段。

· 计划阶段

设置具体的学习目标、选择合适的学习策略和关注自己的内在动机。

· 行为阶段

包括自我控制和自我观察。自我控制需要元认知的参与，使学习者能够把精力集中于学习任务上；而自我观察是指关注自身行为和学习的进展，为调整计划、评价表现提供准确的信息，有效的方法是进行自我记录。

· 自我反思阶段

包括自我判断和自我反应。自我判断是指将学习结果与预期目标相比较进行评价，并对学习结果的原因进行分析；自我判断之后就会产生自我反应。

自我满意感　　适应性反应　　防御性反应

☆ 学习策略有哪些？

在自主学习的过程中，我们也需要采用一些学习策略来帮助我们达到更好的学习效果。学习策略是学习者有意识制订的学习方案，目的是为了提高学习的效率以达到更好的学习效果[4]。Mckeachie 等人将学习策略分为认知策略、元认知策略和资源管理策略三种[5]。

学习策略分类

认知策略	元认知策略	资源管理策略
复述策略 精细加工策略 组织策略	计划策略 监控策略 调节策略	时间管理策略 学习环境管理策略 努力管理策略 学业求助策略

· 认知策略

复述策略是生活中比较常用的学习策略。人的记忆广度是有限的，要想尽可能多地去复述内容，就需要掌握一些记忆规律。比如，前摄抑制和倒摄抑制，前摄抑制是指先前学习的内容干扰了后面学习内容的识记和回忆；倒摄抑制是指后面学习的内容干扰了对先前所学内容的记忆。

复述

· 元认知策略

元认知对我们在学习中使用的活动策略进行监控和指导。其中的调节策略是指学习者在对认知活动的结果进行检查后如果发现了问题，就要及时修正和调整认知策略。

“这道题太难了……”

· 资源管理策略

这是指管理那些个体可以利用的环境和资源的策略。时间是一个非常重要的学习资源，有效的时间管理可以提高学习效率、促进学习。越来越多的人面临拖延问题，没能合理分配时间是一个很重要的原因。下面这个时间管理象限图可以帮助有效管理时间。

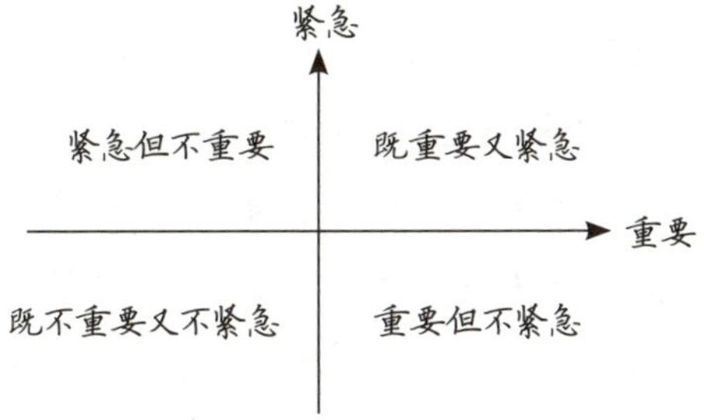

时间管理象限图

我们可以把待办的任务填在这 4 个象限中，据此安排时间。那么这四个象限中哪些是需要我们投入较多时间的呢？

毋庸置疑，既重要又紧急的事情我们都会投入大量精力和时间去完成。比如说，即将到来的课程考试，但其他 3 个象限的时间分配各人就会有所不同。事实上，大多数人会将大量的时间放在处理紧急但不重要和既不重要又不紧急的事情上。紧急但不重要的事情总是突如其来，吸引着人们的注意力；既不重要又不紧急的事情，比如日常刷微博、逛淘宝、看朋友圈等，作为一种放松、缓解压力的方式，在不知不觉中就花费了我们大量的时间；而重要但不紧急的事情则往往被忽略，例如 1 个月之后才需要提交的课程论文。

因此，学会合理地安排时间，首先要减少花费在既不重要又不紧急的事情上的时间，并且针对重要的长期任务制订计划。

（四）终身学习理论

在这个信息和技术日新月异的时代，学习不再只是某一阶段才进行的活动，而是一个持续终身的过程，每个人都需要终身学习。因此，接下来我们了解一下终身学习理论。

☆ 什么是终身学习?

终身学习理论认为学习是一个终身且连续的过程。这是首届世界终身学习会议上提出的一个最具代表性的定义。终身学习通过一个不断的支持过程来发挥人类的潜能，它激励人们去获得终身发展所需的全部知识、价值、技能与理解，并且使他们在任何任务、情况和环境中都有信心、有创造性和愉快地应用它们。

☆ 终身学习的特征

连续性：学习是一个连续的过程，是贯穿于整个人生的。

整体性：各个阶段、各个场所以及各种形式的教育活动都是相互联系、不可分割的整体。

灵活性：学习是由学习者自主选择和计划的，发挥了学习者的能动性和创造性。

开放性：终身学习是全民教育，能够促进形成学习化社会。

人本性：终身学习是以学习者为中心的学习活动，重视学习者的主体性。

☆ 终身学习与在线教学

在线学习为那些渴望获得知识和提升技能的人们提供了学习的平台，使得终身学习成为可能。

在线教学跨越了时空限制，只要有上网设备，可以随时进入。

在线教学内容多样且复杂，既有专业领域的知识，也有生活常识。

进入社会的成年人因为工作等原因更加具有自主学习的动机，并且熟悉互联网。

这些特点都使得在线学习在促进终身学习社会的发展中起到重要的作用。而通过在线学习实现终身学习首先要学会学习，对于已经适应学习环境的学习者来说，终身学习是在现在基础上的延伸，而对于那些已经较长时间脱离了学习的学习者来说，再一次去接触学习需要花费较多的时间去适应。实现终身学习需要对个人学习需求进行评估，并且制订个人的学习行动计划。

第二节　在线教学展望

一、未来发展趋势

新冠疫情的特殊形势使得在线教学在2020年得到了巨大的发展。毋庸置疑，随着时代的发展和技术的进步，在线教学将继续蓬勃发展。

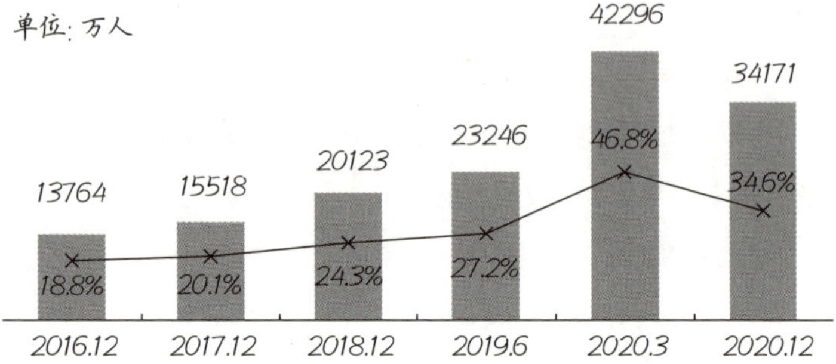

2016.12—2020.12 在线教育用户规模及使用率

· 数据

《第四十七次互联网发展状况报告》显示，截至2020年12月，中国在线教育用户规模已达3.42亿，占整体网民的34.6%。在线教育行业发展态势良好。

· 在线教学与传统教学

在线教学因其与传统教学相区别的一些独特优势而得到大范围的推广，但其未来的发展趋势不是“取代”传统课堂而是“融合”传统课堂。在线教学与传统教学是相辅相成、相互促进的，融合的方式更有利于共同发挥二者的优势。

二、存在的问题

但未来在线教学的发展也存在一定的问题，只有解决这些问题，在线教学才能更健康地发展，走向更成熟的未来。

· 课程质量问题

虽然大量高质量的教学课程存在于网络之上，但还缺乏对于在线课程质量的统一监管，需要通过标准和研究建议来提升课程质量。

· 隐私问题

收集学习者的个体和学习数据是否侵犯了个体的隐私，是否保障了个体的知情同意权，这些问题都需要相应的规范来进一步解决。

· 技术问题

无论是在后台数据的收集上，还是在平台界面的功能设计上，又或是在课程的设计上，都还存在着一些技术难题有待攻关。只有解决这些问题，才能提高在线教学的质量。

· 教育公平问题

无论是传统教育还是在线教育，教 育公平一直是需要注意的重要问题。实现在线教育的公平，最重要的是实现全地域的网络基础设施的普及，而这也是我国一直在做的。

· 课程收费问题

现在网络上的大部分在线课程都是免费面向全社会的，但一个高质量课程的背后也意味着高成本、高付出。这种成本和收益的矛盾可能需要寻找一个合适的解决办法。

总而言之，我们在看到在线教学发展的光明未来时，也要看到其存在的问题，还要看到其和传统教学的互补。只有这样，才能促进在线教学在现代社会的高效发展。

本章小结

在本章中，我们首先从两个角度，即教育心理学和信息化发展来了解了网络教学或者说网络学习的理论。传统教育心理学的理论包括行为主义、社会学习、建构主义的学习理论，它们在网络教学这个新环境下都得到了新应用，而信息化发展理论则从网络化的角度来阐述了新时代对于教学者和学习者的新要求。

在第二节中，我们简要地介绍了在线教学的蓬勃发展趋势，但与此同时也要积极关注和寻求方法解决其现有问题，促进其继续发展。

参考资料

[1] Johan, N., Sadler-Smith, E., & Tribe, J. Informal and incidental learning in the liminal space of extended independent (gap-year) travel[J]. Academy of Management Learning & Education, 2019, 18(3): 388–413.

[2] Zimmerman.B.J, & Risemberg.R. Self-regulatory dimensions of academic learning and motivation[M]. G. Phye (Ed.), Handbook of academic learning(pp. 105–125). Academic Press, 1997.

[3] Mege, C., Ronconi, L., & De Beni, R. What Makes a Good Student? How Emotions, Self-Regulated Learning, and Motivation Contribute to Academic Achievement[J]. Journal of Educational Psychology, 2014, 106(1): 121–131.

[4] 陈琦，刘儒德．教育心理学 [M]. 北京：高等教育出版社，2011.

[5] Rovers, Sanne F. E., Stalmeijer, Renee E., van Merrienboer, Jeroen J. G., Savelberg, Hans H. C. M., & de Bruin, Anique B. H. How and Why Do Students Use Learning Strategies? A Mix Methods Study On Learning Strategies and Desirable Difficulties With Effective Strategy Users[J]. Frontiers in Psychology, 2018, 9: 02501.1-02501. 12.